이호철 선생의 교실 혁명

살아 있는 2 그림 그리기

생각과 마음 담아 그리기

이호철 선생의 교실 혁명

살아 있는 2
그림 그리기

생각과 마음 담아 그리기

이호철

보리

마음을 열어 주는 '살아 있는 그림 그리기'

《살아 있는 그림 그리기》 1이 '자세히 보고 그리기'를 중심으로 한 기초 그리기 지도 결과를 다루었다면《살아 있는 그림 그리기》 2는 한 걸음 더 나아간 '응용 그리기' 지도 결과입니다. 아이들에게 '응용 그리기' 지도를 하는 동안 깜짝깜짝 놀랄 때가 많았습니다. 아이들의 능력은 끝이 없구나 하는 생각 때문이지요. 한편으로는 내 지도 능력이 거기에 못 따라 아이들이 더 펼쳐 나가지 못하는 건 아닌가 하는 걱정도 들었고요. 그렇지만 아이들과 함께 끊임없이 공부해 가며 함께 자라는 수밖에 없겠다고 생각했지요.

'마음 그리기'를 지도하면서 그림으로 아이들의 닫힌 마음과 생각, 느낌을 활짝 열게 할 수 있다는 것을 알았습니다. 또, 상상의 나래를 마음껏 펼치게 할 수도 있으며, 더 나아가 창조성을 일깨우고 키워 나갈 수 있겠다는 것을 깨달았습니다.

아이들이 상상의 나래를 마음껏 펼쳐 그림을 그릴 때는 시간이 엄청 오래 걸려도 지루해하기는커녕 오히려 푹 빠져 있는 모습을 볼 수 있습니다. 이것은 무엇을 말할까요? 힘든 것도 잊을 만큼 재미있다는 뜻 아니겠습니까. 여기에서 무한한 창조력이 나오는 것입니다.

초등 미술 교육과정은 여러 갈래의 미술 분야를 고루 경험하도록 짜여 있어 회화 한 분야를 깊이 있게 지도하기란 쉽지 않습니다. 따라서 이 책에서 내보인 지도 방법은 교육과정에 나오는 것뿐 아니라, 교육과정에 나오지는 않지만 아이들이 꼭 해 보았으면 하는 것을 지도해 본 것입니다. 말하자면 자기표현을 더 넓고 깊게 마음껏 해 보도록 한 것이지요.

이 책은 크게 네 부분으로 짜 놓았습니다. 1장은 '마음을 드러내는 그림 그리기'로 자기감정이나 속마음을 실제 모습처럼, 또는 추상화해서 표현하거나 자기 마음에 와닿는 아름다운 장면을 찾아 표현하는 그리기입니다.

2장은 '보고 듣고 느끼고 상상한 것 그리기'로 상상과 공상, 느낌을 실제 모습으로 표현하는 그리기입니다.

3장은 '다른 발상으로 그리기'로 사물을 단순화하거나 의인화해 그리기와 일부러 비틀어 엉뚱하게 그리기입니다.

4장은 '꾸미는 그림 그리기'로 글자는 뜻에 맞게 그려 보고, 무늬는 아름답게 표현하고, 사람들에게 알리고자 하는 것을 표현하는 그리기입니다. 여기에는 전부터 그려 오던 익숙한 갈래의 그림 그리기도 있지만, 좀 더 새롭게 표현해 보도록 지도했다는 점이 다릅니다.

또 2권에는 자기감정이 담긴 색깔 표현 그림도 많습니다. 아쉬운 점은 '마음 그리기' 말고는 거의가 4학년 아이들을 중심으로 지도한 것입니다. 이 책에 담긴 내용을 지도할 때는 주로 4학년과 생활했기 때문이지요. 하지만 어느 학년이든 정도에 맞추어 잘만 지도한다면 훌륭한 결과가 나올 것입니다.

어른들은 아이들을 위해 무엇을 어떻게 해야 할까요? 아이들이 그 능력을 마음껏 펼쳐 나갈 수 있도록 깨우쳐 주고 좋은 기회를 많이 만들어 주어야 합니다. 이 책이 한 걸음 더 나아간 '살아 있는 그림 그리기'에 조금이라도 도움이 되었으면 좋겠습니다.

2020년 5월 이호철

차례

 ## 1장 마음을 드러내는 그림 그리기

2장 보고 듣고 느끼고 상상한 것 그리기

3장 다른 발상으로 그리기

4장 꾸미는 그림 그리기

창조성을 기르는 그림 그리기

사람의 보편 능력이기도 하고 특성이라고도 할 수 있는 창조성은 사람들 모두에게 잠재되어 있지만 계발하지 않으면 그대로 묻히고 맙니다. 또 계발하면 계발할수록 끝없이 뻗어 나갈 수 있는 것이지요. 그림 그리기에 잠재되어 있는 창조성도 마찬가지입니다. 《살아 있는 그림 그리기》 1에 나오는 '자세히 보고 그리기'의 기초가 탄탄하다면 더 빨리 뻗어 나갈 수 있겠지만 기초가 그렇게 탄탄하지 않아도 얼마든지 가능합니다.

창조성 이야기가 나왔으니 말이지만, 창조성은 짧은 기간에 길러지는 것이 아니지 않습니까. 어떤 문제에 부딪혔을 때마다 그 문제의 성격을 뚜렷이 알고 잘 풀어 나가려고 노력하는 가운데, 창조성이 길러지고 한층 더 발전해 나가는 것이지요.

억눌린 환경에서나 강제성이 있는 일에서는 창조성이 길러지지 않습니다. 시키는 대로 따라가기만 해서도 안 됩니다. 어떤 일이든 자기 생각을 가지고, 자유로운 마음으로 자기 스스로 해야 길러지는 것입니다.

아이들에게 잠재해 있는 창조성은 아이마다 모두 다른 모습을 지니고 있고 정도의 차이도 있어서, 나타나는 것도 다 다릅니다. 지도교사는 이 점을 늘 마음에 두고 지도해야 합니다. 창조성을 더 많이 일깨우려면 무엇보다 그 기쁨을 많이 느낄 수 있도록 해 주어야 합니다.

또 지도교사는 긍정적이고 열린 생각을 가져야 하고 아이들의 가능성을 믿어야 합니다. 기초 정보만 주고 아이 스스로 생각하고 표현할 수 있도록, 스스로 계발해 나갈 수 있도록 일깨워 주어야 합니다.

1장 '마음을 드러내는 그림 그리기'에 나오는 '마음 그리기'와 '감정 그리기'는 아이 자신의 마음속 생각과 감정을 드러내는 그림 그리기인데 억압된 생활에서 입은 상처나 맺힌 마음을 숨기지 않고 드러내면서 스스로 치유할 수 있습니다.

'아름다운 장면 그리기'는 자기가 느끼는 아름다운 장면을 발견하고 그것을 그림으로 표현하는 것입니다. 남들이 느끼지 못하는 아름다움을 느낀다는 것은 감각이 더 발달되었다는 것이고 이것이 자기 창조의 기초가 되기도 하는 것이 지요.

2장 '보고 듣고 느끼고 상상한 것 그리기'에 나온 '내가 꾼 꿈 그리기'는 현실에서는 없는 세계, 어쩌면 황당하기도 하고 모호하기도 한 세계를 구체로 형상화하는 것입니다. 그림을 그리다 보면 자기 생각도 더욱 구체화될 것입니다.

3장 '다른 발상으로 그리기'에 나온 '사물을 단순화해 그리기'는 단순함의 아름다움을 창조해 내는 것이라고 하면 말이 될까요? 군더더기를 없앤 아름다움은 마음에 깊이 새겨진 가장 기본이 되는 아름다움입니다.

4장 '꾸미는 그림 그리기'에 나오는 '알리는 그림 그리기'는 다른 사람의 눈과 마음에 가장 잘 들어오게 하며, 가장 강하고 오랫동안 남아 있도록, 가장 알맞은 요소를 찾아 표현하는 그림으로 우리 삶에 아주 가까운 그림 그리기이기도 합니다. 나머지 그림 그리기는 끝없이 자기 세계를 넓히고 창조해 가는 그림 그리기로 보면 되겠습니다.

아이들에게 그림 그리기 지도를 할 때는 이런 뜻을 잘 살려 지도해야겠지요.

이제 내가 지도한 경험을 하나하나 자세히 이야기해 보겠습니다.

1장

마음을 드러내는
그림 그리기

1. 마음 그리기

우리는 온갖 일들을 보고 겪으면서 많은 생각과 감정(느낌)을 갖게 됩니다. 이것은 바로 날아가 버리기도 하지만 때로는 마음 밑바닥에 차곡차곡 쌓이기도 합니다. 그렇게 쌓이다 보면 꽉 차서 털어 내지 않을 수 없게 되는 때가 오게 되지요.

그런데 아무렇게나 털어 내면 마음이 개운해지기는커녕 오히려 더욱 혼란스러워지거나 나빠지기도 합니다. 잘못된 감정이 많이 쌓이다 보면 저절로 욕이나 싸움, 그 밖의 엉뚱한 행동으로 터져 여러 가지 문제를 일으키기도 하지요.

때로는 다른 사람한테 아주 큰 해를 끼치기도 합니다. 그러니까 좋은 방법으로 털어 낼 수 있다면 참 좋겠지요. 맺힌 응어리도 풀리고 마음도 잘 정리되어 건강하게 생활할 수 있을 테니까요. 이를테면 글쓰기, 그림, 노래, 춤, 연극 같은 것으로 말입니다.

글쓰기로 생각이나 감정을 표현하라고 하면 어려워하는 아이들이 많지만 그림은 그렇게 큰 어려움 없이 넓고 깊게 나타낼 수 있습니다. 그림을 보는 사람들도 그 속에 담긴 생각이나 감정을 자유롭게 받아들일 수 있지요. 무엇보다 그림은 글자를 모르거나 글로 마음을 표현하기 어려워하는 아이들도 쉽게 나타낼 수 있습니다.

이렇게 자기 생각이나 감정을 좀 더 강하게 나타내는 그림을 '마음 그리기'라 이름 붙여 보았습니다. 자기가 겪은 남다른 경험, 그때의 자기 생각이나 감정, 또 그때 어떻게 하고 싶었던 자기 마음을 사람이나 동물, 사물들에 담아 그림으로 나타내는 것을 말합니다.

마음 그리기의 다섯 갈래

'마음 그리기'를 다섯 갈래로 나누어 보았습니다. '자기 마음 그리기', '남의 마음 그리기', '동물 마음 그리기', '식물 마음 그리기', '사물 마음 그리기'입니다. 여기서 '자기 마음 그리기'가 아닌 다른 '마음 그리기'도 사실은 자기 마음속에서 일어나는 생각이나 감정입니다. 다른 사람이나 사물을 빌려서 자기 마음을 나타내는 것뿐이지요.

그림을 그리려면 먼저 어떤 생각이나 감정을 나타낼 것인지를 정해야겠지요. 말할 것도 없이 자기 마음에 가장 많이 쌓여 있는 생각이나 감정을 먼저 떠올릴 것입니다. 이를테면 이렇습니다.

자기 마음 그리기 시간에 쫓기는 생활, 경쟁에 지친 마음, 늘 잔소리를 들어야 하는 처지, 얽매여 살지 않고 마음껏 자유로워지고 싶은 마음, 작다고 놀림 받아 거인이 되고 싶은 마음.

남의 마음 그리기 사랑해 주는 어머니, 화내는 아버지, 폭발하는 어머니, 난폭 운전하는 아저씨, 꽃같이 어여쁜 내 조카, 담배 많이 피우는 아저씨, 무서운 선생님, 싸우는 아저씨, 불량 사탕 먹는 내 동생.

동물 마음 그리기 학대받는 이웃집 강아지, 오염된 강에서 죽어 가는 물고기, 먹이가 없어 마을로 내려온 멧돼지, 땅을 기름지게 하는 고마운 지렁이, 싱싱한 풀을 먹으며 살고 싶은 소.

식물 마음 그리기 걱정하는 배추(배추가 잘 안 팔리거나 귀해서), 놀이터 옆에 사는 느티나무(아이들이 못살게 해서), 가로수의 슬픔(매연에 찌들고 뿌리가 뻗어 나갈 수 없는 공간에서 자라서), 항의하는 벼들(쌀이 남아돌아서).

사물 마음 그리기 텔레비전 귀신(텔레비전을 너무 많이 보아서), 슬픈 지우개(지우개를 못살게 해서), 속상한 신발(신발을 구겨 신어서), 사랑받는 인형.

그릴 거리를 구체로 떠올리기

그림 그릴 거리를 골랐다면 그리기 전에 그림을 그리는 까닭이나 뜻을 한 번 더 뚜렷이 생각해 봅니다. 이를테면 '거인이 되어 아이들을 혼내고 싶은 마음'이라면 왜 거인이 되고 싶은지 생각해 보는 것입니다. 이렇게요.

'동무들은 내가 키가 작고 몸집도 작다고 날마다 꼬맹이 취급을 해. 업신여기기도 하고, 심하면 때리기도 하지. 그때는 너무 속상해. 어떨 때는 화가 너무 나 거인이 되어서 혼내 주고 싶어.'

다음은 그 일이 언제, 무엇을 할 때 일어났는지 떠올려 봅니다. '마음 그리기'는 자기 생각이나 감정을 나타내지만 어느 정도 객관으로 바라보지 않으면 나타내기가 쉽지 않습니다. 따라서 늘 보고 겪었던 일이더라도 그림으로 나타낼 때는 언제, 어느 때 느낀 것인지 내용의 범위를 좁히는 것이 좋습니다.

이를테면 '거인이 되고 싶은 마음'을 나타낼 때는 '오늘이나 어제 동무들이 나보고 꼬맹이라고 놀렸을 때'를 떠올리는 것입니다. 또 늘 시간에 쫓기며 사는 생활에 대한 생각이나 감정을 나타내려면 바쁘게 지내는 자기 모습 가운데 어느 하루 한때를 떠올리는 것이지요.

마음을 그림으로 나타내기

이제 그림을 그릴 차례입니다. 어떻게 나타내어야겠다는 형상이 희미하게 잡힐 때는 연습장에다 이렇게 저렇게 낙서하듯이 자꾸 그려 보는 것이 좋습니다. 글도 그렇지만 그림도 그냥 머릿속으로만 생각해서는 쉽게 떠오르지 않기 때문이지요. 이것저것 그리다 보면 좋은 생각이나 형상이 떠오를 때가 많지요.

형상이 어느 정도 잡혔으면 그것을 실마리로 해서 먼저 큰 틀을 그리고 작은 표현들을 보태서 자기 마음을 또렷하게 나타냅니다.

그림을 다 그렸으면 그림에 얽힌 이야기 한 도막을 꼭 쓰도록 합니다. 부모님들도 가끔 아이와 함께 '마음 그리기'를 권합니다. 재미있을 것입니다.

마음 그리기
자기 마음

시간에 쫓기는 생활
경북 경산 중앙초등학교 6학년 원수영, 1993년 10월

나와 내 친구들은 시계추에 매달려서 생활하고 있다.
학교에 갔다 오면 학원 가야지 집에서 숙제하고 문제집 풀고 놀 시간이 없다.
그래서 난 시간에게 부탁하고 싶다.
"시간아, 제발 천천히 가라. 너에게 매달려 사는 생활도 지쳤다. 같이 나가서 놀자, 응?"

마음 그리기
자기 마음

잔소리

경북 경산 중앙초등학교 6학년 태혜선, 1993년 10월

난 잔소리를 많이 듣는다. 그래서 내가 잔소리 속에서 사는 것 같다.
잔소리를 듣지 않도록 노력하지만 매일 듣는 게 잔소리다.
그래서 난 사람들의 잔소리 속에 서 있는 내가 언제나 머릿속에 떠올랐다.

마음 그리기
자기 마음

1등아, 가지 마!
경북 경산 중앙초등학교 6학년 이명훈, 1993년 12월 14일

나는 1등을 잘 모른다. 공부도, 숙제도, 싸움 등 모든 하는 일 가운데 운동회 때 달리기만 1등 하지 그 밖에는 1등 미만이다.
나는 속으로 '1등아, 가지 마!' 하며 외치지만 1등은 저 멀리 있다.
그래도 우리는 1등에 매달려 산다.

마음 그리기
자기 마음

쳇바퀴 생활
경북 경산 중앙초등학교 6학년 원수영, 1993년 10월

우리는 매일 돌고 도는 생활을 하고 있다. 뛰어도 끝이 없는 생활이다.
쳇바퀴에 돌고 도는 생활만 하려니 너무너무 힘들다. 잠도 많이많이 자고 싶고 밖에 나가 뛰면서 놀고도 싶다.
하지만 쳇바퀴 속에서 멈춘다면 어떻게 될까? 꼬꾸라져서 죽고 말 것이다. 쳇바퀴 생활 속에서는 자꾸 뛰는 길밖에 없지.

마음 그리기
자기 마음

나만의 공간

경북 경산 중앙초등학교 6학년 김정남, 1993년 12월 14일

공부도, 노래도, 세상조차 모두가 싫을 때가 있다.
그때는 나만이 살 수 있고, 나만이 살 수 있는 곳이 있었으면 좋겠다.
모든 것이 싫고 짜증 나고 싫증 날 때 작은 나만의 공간에 가면 괜찮을 것 같은데, 나만의 공간이 없다.

마음 그리기
자기 마음

나도 커졌으면
경북 경산 중앙초등학교 6학년 권혁준, 1993년 12월 14일

나는 옛날이나 요새나 작다고 "꼬맹이 꼬맹이." 하고 놀림을 받곤 한다. 그리고 애들이 나를 얕보기도 한다.
거의 다 나보다 큰 아이들이다. 그 소리를 들을 때마다 화가 무척 나지만 내가 도로 맞을까 봐 참아 버린다.
내가 산보다 커지고 구름을 뚫을 만큼 길어져서 그 아이들을 혼내 주고 싶다. 그때가 되면 날 놀리던 아이들이 나보고 빌겠지?
하지만 친구인데 손잡고 같이 살아 나가야지.

마음 그리기
자기 마음

복작복작거리는 머리

경북 경산 중앙초등학교 6학년 태혜선, 1993년 12월 4일

요즘은 조금이라도 신경을 쓰면 머리가 자주 아파 온다. 꼭 머릿속에 있는 필름들이 갑거서 '삐지직' 이러는 것 같다.
그래서 가끔씩 머리가 막 아파 오고 잡음 소리도 마구 들릴 때가 있다. 그땐 나도 모르게 얼굴을 막 찌푸리게 된다.
'필름아, 그만 좀 날뛰어라, 아아아으아악!' 이러며 속으로 막 빌지만
머릿속의 필름은 말을 못 알아들었는지 계속 이리저리 막 날뛴다. 난 참다못해 소리를 지른다.

마음 그리기
자기 마음

시험, 학원, 공부
경북 경산 중앙초등학교 6학년 구효준, 1993년 12월 14일

우리는 집에만 가면 "학원 가라." "시험 잘 봤냐?" 온갖 소리를 듣는다.
사랑의 화살은 어디 가고 학원, 공부, 시험만 으르렁거리며 우리에게 달려든다. 우리는 무섭다.

마음 그리기
자기 마음

팔이 많아졌으면
경북 경산 성암초등학교 4학년 김효선, 2007년 11월 21일

요즘은 할 일이 많다. 아침 일찍 컴퓨터 특기 적성에 가고, 학원 가고, 학원 숙제 하고, 학교 숙제도 해야 된다.
거기다 현지 숙제도 도와주어야 한다. 이렇게 많은 일을 하려니 시간도 많이 걸리고 힘도 많이 든다.
그래서 한꺼번에 많은 일을 했으면 좋겠다. 내가 문어발처럼 팔과 손이 많아지거나 팔과 손이 많은 로봇에게 한꺼번에 일을 할 수 있도록 하면
얼마나 좋겠나. 또 들고 다닐 짐도 많을 때는 여러 개의 팔이 한꺼번에 들고 다니면 얼마나 좋겠나.

마음 그리기
자기 마음

시험 점수 마법사
경북 경산 성암초등학교 4학년 곽다현, 2007년 11월 21일

오늘 학교에서 단원 평가를 했는데 국어가 50점이었다.
'내가 마법사라면 시험을 잘 쳐서 칭찬 들을 텐데.' 하고 생각했다.
내 방에서 마법사 흉내를 내 보았다.
공부는 왜 이렇게 하기 싫지? 나는 진짜 마법사가 되고 싶은 마음이 떠나지 않는다.

마음 그리기
자기 마음

내 목이 엄청 길어졌으면
경북 경산 성암초등학교 4학년 신동철, 2007년 12월 14일

나는 목이 엄청 길어졌다 줄어졌다 했으면 좋겠다. 멀리 내다볼 수 있기 때문이다. 담 너머에도, 높은 건물 뒤에도
언덕 너머에도 무엇이 있으면 쉽게 볼 수 있기 때문이다. 재훈이하고 놀고 싶을 때도
목을 쑥 빼 올려 재훈이 방문을 들여다보고 "어이, 재훈아, 놀자." 이렇게 말할 수 있겠지.
우리 집에서도 놀이터에 있는 아이들이 누구누구인지도 쉽게 알 수 있겠지.

마음 그리기
자기 마음

학원 공부에 눌린 우리
대구 동호초등학교 4학년 최지현. 2010년 10월 4일

나는 학원을 가장 많이 다녀야 할 때는 컴퓨터 방과후와 미술 학원과 피아노 학원과 영어 학원 이렇게 하루에 네 가지를 다닌 적도 있다.
그리고 집에 돌아오면 학습지 선생님이 두 명이나 오니까 정말 정신이 하나도 없다.
학원, 학습지, 시험, 고민, 건강, 학교 숙제가 우리 어린이들을 아무 데도 못 가도록 눌러 놓고,
놀이터, 놀이동산 같은 것들이 풍선이 되어 떠나 버렸다. 요즘 아이들 대부분 다 그렇다.

마음 그리기

자기 마음

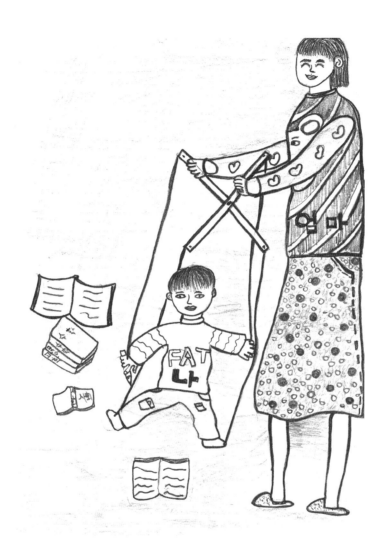

나는 꼭두각시

대구 동호초등학교 4학년 진흥림, 2010년 10월 6일

엄마는 날마다 내가 학교에서 돌아오자마자 나에게 공부를 시킨다.
"엄마, 수요일인데 좀 놀면 안 돼?"
"안 돼! 학습지도 해야 하고, 학교 숙제도 해야 하고, 영어도 해야 하는데 어느 세월에 그걸 다 할래?"
난 결국 엄마가 시키는 대로 공부만 해야 했다. 나는 꼭 엄마가 조종하는 꼭두각시 인형이 된 것 같다.

마음 그리기
자기 마음

나머지 할 때 나의 마음은
대구 동호초등학교 4학년 김민규, 2010년 12월 1일

마음 그리기
남의 마음

화난 버스 운전수
경북 경산 중앙초등학교 6학년 권혁준, 1993년 12월 2일

얼마 전에 버스를 타고 집으로 오는 중이었다. 좌회전 차선이 막혀 한참을 기다리다 길이 뚫렸는데
직진하려는 차가 끼어들어서 차선을 막아 버리는 거다. 화가 난 아저씨가 "이 시발놈아, 끼어들면 우야노! 뒈질라고 환장했나."
욕을 내뱉고 위협하듯 창밖으로 주먹을 내미는 거다. 그때 버스 운전수 아저씨가 얼마나 무서웠는지 지금 생각해도 벌벌 떨린다.

마음 그리기
남의 마음

담배꽁초 버린 아저씨
경북 경산 중앙초등학교 6학년 안연경, 1993년 12월 2일

집으로 가는 길에 청소부 아저씨께서 낙엽을 쓸고 간 자리에 어떤 아저씨께서 담배꽁초를 버리고 가셨다.
그 아저씨는 양심에 찔렸는지 입을 내밀며 가셨다. 그 나온 입을 밧줄로 꽁꽁 묶고 이때까지 그 아저씨께서 버린 담배꽁초들을
머리에 부어서 반성하게 했으면 좋겠다. 그런 아저씨는 입을 열 자격이 없다. 그러나 그 아저씨는 돌아보지도 않고 그냥 지나가 버렸다.
청소부 아저씨 계신 쪽을 보니 그 담배꽁초도 같이 쓸고 계셨다.

마음 그리기
남의 마음

무단횡단한 아이와 차

경북 경산 중앙초등학교 6학년 박정미, 1993년 12월 17일

우리 집 앞길에서 어떤 아이가 차가 달려오고 있는데도 급히 달려가며 무단횡단을 하는 것이다.
그것을 보고 차를 몰고 오던 아저씨가 차를 급히 세우고 무서운 얼굴을 하며 욕을 했다.
그것을 보니 그 아저씨가 그 아이를 잡아먹으려는 것만 같아 보였다.
하지만 그 아이는 자기 잘못을 알아야 할 것이다.

마음 그리기
남의 마음

텔레비전과 숙제 사이의 나
경북 경산 중앙초등학교 6학년 안연경, 1993년 12월 14일

텔레비전을 보다가 갑자기 남아 있던 숙제가 생각났다. 숙제를 하려고 방에 들어가려는데 텔레비전에는 재미있는 프로가 나왔다.
'텔레비전을 볼까, 남아 있는 숙제를 할까.' 고민이었다. 그런데 갑자기 텔레비전과 숙제가 손이 생기더니 나를 막 잡아당기면서
"텔레비전 봐라." "숙제해라." 하고 외치는 것이었다. 나는 그 사이에서 죽을 지경이었다.

마음 그리기
남의 마음

화내는 아버지

경북 경산 중앙초등학교 6학년 안연경, 1993년 11월 30일

나는 집에서 말을 잘 하지 않는다.
아버지가 소리를 칠 때마다 무서운 뱀이 연상된다.
다음부터는, 아니 오늘부터라도 집에서 말을 잘해야겠다.

마음 그리기
남의 마음

화가 난 선생님
경북 경산 중앙초등학교 6학년 태혜선, 1993년 11월 30일

학원 수학 선생님이 내 옆에 앉은 친구를 부르시더니 산수 시험지를 주면서 이러셨다.
"너 이거 시험 쳤다고 그러니? 학원 왜 다녀, 응? 정신 좀 차려라!"
"선생님, 앞으로 안 그럴게요, 네? 한 번만 용서해 주세요."
내 친구는 손이 빠지도록 마구 빌고 선생님은 몽둥이를 들고 때리려고 하는 모습이 아직도 눈에 선하다.

마음 그리기
남의 마음

배추
경북 경산 중앙초등학교 6학년 김현주, 1993년 11월 30일

지금 우리 농촌에서는 배추가 팔리지 않아서 농사를 짓고 사는 사람들이 걱정하고 있습니다.
그래서 나는 도시에 사는 사람들이 농사짓는 사람들의 마음을 조금만 알아주면 좋겠다고 생각합니다.
농사짓는 아저씨들의 모습을 보니 자기 자식을 생각하는 아버지 배추 같았습니다.

마음 그리기
남의 마음

난폭 운전 하는 아저씨
경북 경산 중앙초등학교 6학년 태혜선, 1993년 12월 2일

어떤 중학생 언니가 횡단보도를 건너려고 인도에서 차도 쪽으로 내려섰다.
그 언니가 건너려고 하는데 어떤 아저씨가 그 언니를 무시하는 듯 사납게 차를 몰고 '횡' 하며 그 언니 앞을 지나가는 것이다.
난 그 아저씨가 화가 나 으르렁거리는 사자처럼 보였다.
난폭 운전 하는 그 아저씨를 생각하기만 해도 등골이 오싹해진다.

마음 그리기
남의 마음

폭발한 엄마
경북 경산 중앙초등학교 6학년 이미례, 1993년 12월 2일

부엌에서 접시를 닦다가 떨어뜨려서 깨졌다. 방에서 엄마가 나오시더니 "니 또 깼나." 하며 화를 내셨다.
"일부러 한 거 아닌데." 나는 조용히 혼잣말을 했지만
엄마는 "뭐라꼬? 몇 번짼 줄 아나?" 했다. 그리고 묻어 놓았던 화산이 순식간에 '펑' 폭발하면서 매를 갖고 달려들었다.
그 무서운 매가 꼭 공룡이 내뿜는 불 같았다. 화산 터진 엄마 얼굴이 아직까지 생각난다. 지금 생각하면 정말 소름이 끼쳐 온다.

마음 그리기
남의 마음

담배 아저씨

경북 경산 중앙초등학교 6학년 현종학, 1993년 12월 15일

어떤 아저씨가 담배를 피우는데 피우기만 하면 휴지통에 안 버리고 땅바닥에 버렸다.
그러니 담배가 화가 나 그 아저씨 몸에 달라붙어 이빨로 물어뜯고 있다.

마음 그리기
동물 마음

차에 치어 죽은 노루
대구 동호초등학교 4학년 최지현, 2010년 10월 7일

시골 할머니 댁에 갔다가 차 타고 집으로 오는 길이었다. 그런데 갑자기 밖에서 '퉁!' 하는 소리가 났다.
아빠가 자동차 방향을 조금 틀어서 불빛을 비추었다. 그런데 노루 한 마리가 다리를 절뚝절뚝 절며 산 쪽으로 뛰어가고 있었다.
나는 '우리 차에 받혀서 그러나?' 하는 생각이 들었다. 그렇게 생각하니 너무나도 불쌍했다. 동물들은 죄 없이 죽으니 얼마나 억울할까?
엄마 아빠도 있을 것이고 자식들도 있을 텐데 차에 치어 죽은 모습을 보면 얼마나 슬퍼할까?

마음 그리기
사물 마음

연필의 마음
대구 동호초등학교 4학년 최지현, 2010년 10월 3일

요즘 아이들은 연필이나 지우개 등 학용품을 함부로 막 쓴다. 어떤 아이는 연필을 이빨로 막 깨물었다. 상처 입은 연필은 얼마나 아플까?
연필을 휘돌리는 아이, 칼로 상처 내는 아이, 던지는 아이, 연필로 지우개를 쿡쿡 찍는 아이도 있었다.
입장을 바꾸어서 자기의 소중한 몸을 부러뜨리고, 얼굴에다 낙서를 하고, 쓰레기통에 버리면 어떻게 될까?
연필의 마음을 이해할 수 있을 것 같다.

마음 그리기
사물 마음

눈물 흘리는 나무
대구 동호초등학교 4학년 장윤정, 2010년 10월 6일

우리 집 앞에 있는 느티나무는 괴롭고 슬프다. 사람들이 쓰레기를 쓰레기통에 버리기 귀찮아 느티나무 옆에 함부로 버린다.
그리고 거기에다 침도 뱉고, 아이들은 발로 차기도 한다.
이런 어려움을 당하는 나무 마음은 어떨까? 사람들은 나무가 움직이지도 않고 말도 못한다고 해서 하찮은 존재로 여기지만
이 세상 모든 생물의 숨을 쉬게 해 주는 중요한 존재라는 것을 한 번 더 알았으면 좋겠다.

마음 그리기
사물 마음

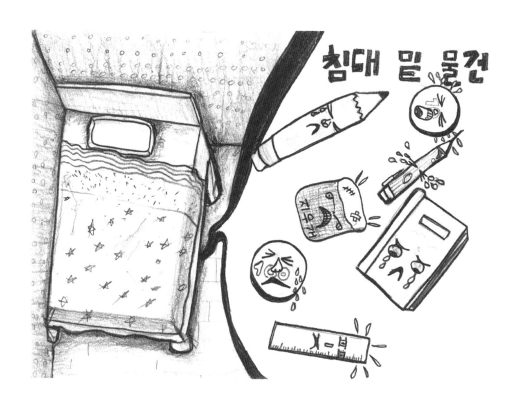

침대 밑 물건
대구 동호초등학교 4학년 이민희, 2010년 10월 7일

어느 날, 나는 그냥 재미로 침대 밑에 들어가 보았다. 그런데 그 밑에는 연필은 물론, 지우개와 자, 백 원짜리 동전과 십 원짜리 동전,
거기다 그림책도 있었다. 모두 먼지를 뒤집어쓰고 있었다.
나는 학용품들에게 미안했다. 학용품들은 얼마나 슬펐을까? 내 욕을 얼마나 했을까?
'숨 막히는 침대 밑에서 고생한 학용품들아, 정말 미안해!'

마음 그리기
사물 마음

단것의 습격

경북 경산 성암초등학교 6학년 박다영, 2004년

2. 감정 그리기

우리 마음속에는 기쁨, 노여움, 슬픔, 두려움, 쾌감, 불쾌감 같은 여러 감정이 숨어 있습니다. 눈, 코, 입(혀), 귀, 살갗 같은 감각기관으로 여러 가지 자극을 느끼기도 하지요. 감정이나 느낌이 어떤 모습이나 행동, 상황 속에서 조금씩 겉으로 나오긴 하지만 대부분 눈으로 또렷이 볼 수는 없습니다.

나는 이 감정을 눈으로 볼 수 있도록 그림으로 표현해 보면 어떨까 생각했습니다. 베티 에드워즈가 쓴 《눈으로 보고 눈으로 그리기》를 보면 '유추 그림 그리기'가 있는데, 이 표현 방법이 내 생각과 비슷합니다. 그래서 책 내용과 내 생각을 종합해 감정을 그림으로 표현하는 방법을 몇 가지 이야기해 보겠습니다.

감정을 선으로 그리기

'감정이나 느낌 그리기'는 그냥 선으로만 표현하는 것을 원칙으로 합니다. 곡선이나 직선, 굵거나 가는 선, 길거나 짧은 선, 빠르거나 느린 선, 밝거나 어두운 선, 부드럽거나 거친 선, 울퉁불퉁하거나 매끈한 선 따위로 그때그때 자기감정이 시키는 대로 나타내고 싶은 선을 씁니다. 이때 사물이나 사람을 생긴 그대로 표현하거나 부호로 나타내면 안 됩니다. 주먹, 흉측하게 생긴 입, 번갯불, 꽃, 도깨비, 천사, 외계인 같은 상징으로 나타내어서도 안 됩니다. 또 선으로만 나타내는 것을 원칙으로 한다고는 했지만 면이나 색깔로 표현하려고 할 때는 굳이 막지 않도록 합니다.

원칙은 이렇게 정했지만 나는 좀 더 자유롭게 표현하도록 했습니다. 그랬더니 많은 아이들이 상징으로 나타내었습니다. 아이들 심리를 알아보려는 목적으로 선으로만 그리게 하는 것이 아니라면 상징을 나타내는 것을 막을 것까지는 없다고 생각합니다. 상징도 자기감정을 표현하는 방법이니까요. 오히려 더 단단히 깨우쳐 주어야 할 것은 아이들이 표현을 억지로 만들어 내지 않도록 하는 것입니다.

감정을 더 생생하게 잘 표현하도록 하자면 다음과 같이 합니다. 먼저, 표현하고자 하는 감정을 실제처럼 다시 떠올려 느껴 보도록 합니다. 마음속 깊은 곳에서 우러나온 감정이 그대로 팔에 전해져서 손에 쥔 연필에 전달되도록 해야 합니다. 감정을 그린다는 것은 이렇게 연필 끝에 전해지는 감정을 선으로 표시하는 것입니다. 아이들이 감정을 연필 끝에 고스란히 담는 것은 쉽지 않지만, 아이들 눈높이에 맞추어 차분히 설명하면 잘 표현할 수 있습니다.

다른 그림도 마찬가지지만 감정을 그릴 때 주의해야 할 것이 있습니다. 먼저, 그림 그리는 사람이든 보는 사람이든 그림을 놓고 잘 그렸다 못 그렸다 맞다 틀렸다 비판하지 말아야 합니다. 둘째, 다른 사람에게 보여 줄 생각으로 그려서는 안 됩니다. 보여 준다는 생각을 가지면 꾸밈이 들어갈 수밖에 없기 때문입니다. 마지막으로, 그리기에 앞서 어떻게 그릴지 생각하지 말고, 그리고 난 뒤에 어떤 그림이 될지 생각하지 말아야 합니다.

이렇게 그린 감정 표현 그림들에는 공통으로 나타나는 특징이 있습니다. '노여움'이란 감정을 그린 그림을 보면 규칙 없이 삐죽삐죽하고 무거우며, 빠르고 곧은 선이 많이 보입니다. '기쁨'이란 감정은 선이 날아오를 것처럼 가볍고 완만하며, 둥글거나 부드러운 곡선으로 많이 나타나고요. '우울'이란 감정은 높은 데서 낮은 데로 내려오는 선, 낮게 깔린 수평 형태, 빗살무늬 이렇게 세 가지 방법으로 많이 나타냅니다.

감정을 그리는 다섯 가지 방법

'감정 그리기' 방법을 다섯 가지로 나누어 보았습니다.

첫째, 지금 느끼는 자기감정을 그립니다. 자기가 지금 느끼는 평온함, 간절함, 불안, 질투, 화 같은 것을 그리는 것이지요. 지금 자기감정을 바로 내보이니까 더욱 살아 있는 표현을 할 수 있겠지요.

둘째, 지금 자기감정이 개입되지 않은 보통 때 감정 상태를 그립니다. 어떤 감정을 그릴지는 지도교사가 정해 줄 수도 있고 아이 스스로 고를 수도 있습니다. 아이들한테 이런 감정을 그리라고 하면 꼭 자기 경험이 끼어듭니다.

4학년 이민주의 그림 〈화〉(54쪽)를 한번 볼까요?

이 그림은 여기저기 폭발하는 형태를 그려 놓았습니다. 이 그림만으로도 얼마만큼 화가 나 있는지 알 수 있습니다. 언니와 다투어 화가 폭발할 것 같아도 이게 다 풀릴 만큼 언니를 마음대로 어떻게 할 수는 없으니 민주의 마음속에 마그마처럼 그 화가 고스란히 남아 있다는 것도 알 수 있습니다. 그러한 마음을 그림으로 풀어놓은 것이지요.

셋째, 사람이나 사물을 감정이 개입된 선으로 나타냅니다. 이를테면 어머니, 아버지, 동생, 동무, 우리 집 강아지, 내가 쓰는 연필깎이, 동생의 신발이나 가방, 어머니 가방, 아버지가 운전하는 자동차 같은 것입니다. 사람이나 사물이 가진 형태는 그리지 않고 선으로만 감정을 나타내는 것입니다.

넷째, 상황을 선으로 나타내는 방법입니다. 나와 다른 사람 사이에서 일어나는 상황, 다른 사람과 다른 사람 사이에서 일어나는 상황 말입니다. 그림을 그리기 전에는 한 상황을 보더라도 어떤 상황이라고 단정하지 말아야 합니다. 그림을 그려 가면서 상황을 새롭게 파악해야 한다는 말이지요.

다섯째, 눈, 귀, 코, 혀, 살갗으로 받아들인 순간의 느낌을 선으로 그리는 것입니다. 사고가 개입되지 않았으니 또 다른 형태를 띤 그림이 되지 않을까 생각합니다.

나쁜 감정은 속에 묻어 놓지 말고 어떤 방법으로든 밖으로 꺼내 버려야 건강해집니다. 감정을 그림으로 그리는 것은 그런 면에서 해 볼 만한 방법이 아닌가 싶습니다. 선으로만 표현하는 것을 원칙으로 한다고는 했지만 사람, 동물, 사물에 감정을 넣어 그리는 것도 참 재미있을 것입니다.

감정 그리기

기쁨

대구 동호초등학교 4학년 임태호, 2010년 2월 6일

내가 엄마를 기쁘게 했을 때 엄마는 계속 그 기쁨을 아는 사람한테 말하면서 웃는다.
사실 아주 작은 일인데도 엄마가 안 잊어버리고 다른 사람한테 말하면서 웃으니까 기쁨이 두 배다. 그 기쁨이 자꾸 커진다.
엄마한테 "우리 태호 장하네!" 이 말을 들으면 힘이 더 나는 것 같다.

감정 그리기

기쁨

대구 동호초등학교 4학년 김다인, 2010년 2월 10일

나는 새로운 것을 보거나 새로운 일을 겪었을 때 기쁘다.
그리고 칭찬을 들어도 기쁘다.
친구들과 즐겁게 놀 때도 기쁘고 맛있는 것을 먹을 때도 기쁘고 용돈을 많이 받아도 기쁘다.
나는 앞으로 슬픈 일은 없고 기쁜 일만 많이 있었으면 좋겠다.

감정 그리기

아름다움
대구 동호초등학교 4학년 최지현, 2010년

나는 아름다움이라고 하면 왠지 꽃이나 활기찬 모습이 생각난다.
왜냐하면 저번에 영남대 벚꽃 축제에 갔을 때 벚꽃이 정말 예뻤고 사람들의 모습이 너무나 활기찼기 때문이다.
"와아! 진짜 곱다! 아름답다!"라고 저절로 말이 튀어나왔다. 나는 그곳에서 공주가 된 기분이었다.
엄마와 이야기하며 벚꽃나무 아래서 떡볶이를 먹었다. 어쩐지 떡볶이도 아름다워 보였다. 이 생각을 떠올리며 그림을 그렸다.

감정 그리기

자유

대구 동호초등학교 4학년 김민준, 2010년

내일이 바로 4학년 2학기 기말 평가 날이다. 나는 걱정이 되었다. 왜냐하면 논다고 시험공부를 많이 못 했기 때문이다.
나는 어린 동생 민서가 정말 부러웠다. 공부를 안 해도 되기 때문이다. 그렇지만 민서도 얼마 안 있으면 나처럼 공부를 해야 하기 때문에
그렇게 많이 부럽지는 않다. 한참 뒤에 어머니가 동생 민서를 돌보라고 했다. 나는 마음속으로는 '예스!' 하고 소리쳤다.
조금이지만 자유 시간을 얻었기 때문이다. 시험이 얼른 끝나고 친구들과 자유롭게 노는 시간을 가졌으면 좋겠다.

감정 그리기

자유

대구 동호초등학교 4학년 최다예, 2010년 12월

나는 자유를 좋아한다. 특히 텔레비전을 보거나, 컴퓨터를 하거나, 친구들과 노는 시간은
내가 아주 좋아하는 자유 시간 가운데 하나다. 내가 자유를 정말로 느낄 때가 있었다.
숙제를 할 때다. 숙제하고 또 문제집을 해야 하는데 오늘은 엄마가 놀아라 했다.
'아싸! 자유다! 행복하다!' 이렇게 속으로 외치며서 폴짝폴짝 뛰었다.

감정 그리기

화

대구 동호초등학교 4학년 이민주, 2009년

나는 언니랑 싸우면 정말 화가 많이 난다. 내 심장은 터질 것같이 쿵쿵쿵 뛴다. 어떨 때는 언니를 한 대 콱 쥐어박고 싶은 심정이다.
그렇지만 언니는 나이가 훨씬 많아 그렇게 할 수가 없다. 그러니 내 속이 어떻게 될까?
더구나 나는 불같은 마음을 지니고 있어서 화가 나면 감추지를 못한다. 그래서 내 스스로 내 마음을 이리 박고 저리 박는다.
그것뿐 아니라, 다른 사람들 때문에 내 마음이 이리 쿵 박히고 저리 쿵 박힌다. 그때 또 내 마음은 이리저리 마구 엉켜서 엉망이다.

감정 그리기

미움

대구 동호초등학교 4학년 최현아, 2010년 2월 6일

나는 언니와 내 동생에 대한 미움을 나타냈다.
특히 언니와 내가 싸웠을 때 언니가 너무나 미웠다.
거기다 내 동생은 내가 더 잘못했다고 불난 집에 부채질을 한다.
그래서 동생도 미웠다.

감정 그리기

수학 문제 풀 때
대구 동호초등학교 4학년 김찬일, 2009년

어려운 수학 문제를 풀 때입니다. 처음에 조금씩 선이 들어간 것을 보면 처음부터 문제가 조금 어려워 머릿속이 어지럽다는 것을
느낄 수 있을 것입니다. 그리고 풀어 나가면서 점점 더 어려워지고,
원이 점점 더 커지는 것을 보면 어려운 문제 때문에 머리가 점점 더 어려워지는 것을 느낄 수 있을 것입니다.
그리고 그 원 안에서도 점점 더 복잡해지고 지금의 내 머리도 자꾸 어지러워집니다.

감정 그리기

짜증

대구 동호초등학교 4학년 안창연, 2010년 2월 6일

이것은 친구와 다투었을 때입니다. 정말 짜증 나고 속이 상합니다.
그리고 집에 왔는데 엄마 아빠가 "야, 너 왜 놀다가 와!" 이렇게 혼냈습니다.
친구들과 다투고 사이도 나빠져 있는데 엄마 아빠가 그러니 짜증이 두 배 세 배가 되었습니다.
정말 화가 나 견딜 수가 없었습니다.

감정 그리기

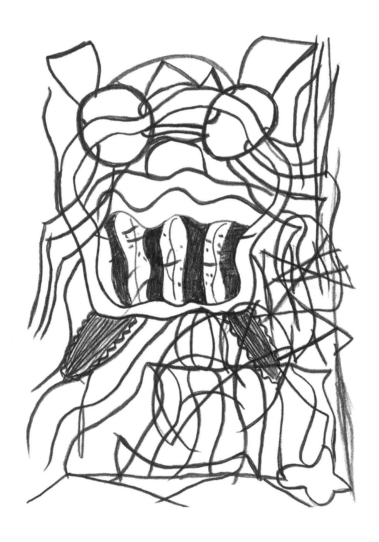

간지러움의 괴로움
대구 동호초등학교 4학년 황유신, 2010년 2월 6일

이틀 전에 동생이 나의 겨드랑이를 간지럽혀서 내가 죽을 뻔했다. 동생이 간지럽힐 때 온몸에서 찌릿찌릿한 느낌이 났다.
웃어도 웃는 것이 아니다. 온몸이 덜덜 막 떨리기도 했다.
"아고, 고마 간지럽혀라! 아아, 진짜 괴롭다고!"
이렇게 소리쳐도 더 간지럽혔다. 간지럽히면 즐겁고도 괴롭다.

감정 그리기

분노

대구 동호초등학교 4학년 김민규, 2010년

나는 게임을 하려고 동생 몰래 게임기를 꺼냈다. 왜냐하면 동생이 보면 욕심을 부리고 자기가 하겠다고 하기 때문이다.
그래서 재빨리 감추면서 방에 들어오라고 했다. 그런데 그만 들켜 버리고 말았다. 동생은 자기 거라며 달라고 했다.
나는 안 된다고 동생을 밀쳤다. 그런데 동생이 울음을 터뜨렸다. 엄마는 동생도 조금 하도록 게임기를 주라고 했다. 난 주지 않았다.
근데 동생이 재빠르게 게임기를 훔쳐 갔다. 난 정말 화가 났다.

3. 아름다운 장면 그리기

'아름답다'는 말을 사전에서 찾아보면 '빛깔, 소리, 목소리, 모양 따위가 마음에 좋은 느낌을 자아낼 만큼 곱다'고도 하고, '하는 일이나 마음씨 따위가 훌륭하고 갸륵하거나 착하고 인정스럽다'는 뜻으로도 풀이되어 있습니다. 그렇지만 아름다움을 느끼는 기준은 사람마다 다 다를 테니 '아름답다'도 사람 수만큼이나 여러 가지로 풀이할 수 있습니다.

또 마음이 움직일 때마다 서로 다른 가치로 나타나니까 한 사람이 느끼는 그때 감정에 따라 다르게 볼 수 있지요. 어떤 사람이 추하다고 보는 것을 어떤 사람은 아름답게 보기도 하고, 어떤 사람이 아름답다고 보는 것을 어떤 사람은 추하다고 보기도 하니까요.

그러니까 아름다움은 이렇다 저렇다 딱 잘라 말하기가 참 어렵습니다. 그래도 꼭 한마디로 한다면 사람의 눈길을 몹시 끄는 것, 마음에 깊이 새겨져 잊히지 않는 것, 큰 감동을 주는 것, 이렇게 큰 틀로 말할 수 있겠습니다.

아름다움을 느낄 때 우리 마음은 즐겁습니다. 마음속에 뭔가 좋은 것으로 꽉 차 편안해지기도 하지요. 그리고 마음이 편안해지면 사물이 가진 참모습을 볼 수 있습니다. 아름다움은 관습에서 벗어난 것, 별난 것을 좋아하는 취미로 이어지기도 한답니다. 한 사람이 무엇을 아름답게 여기는지에 따라 기호나 취미가 표현되기도 하지요. 사람은 자기가 좋아하는 것을 마음껏 표현하는 것만을 아름답게 느낀다고 합니다.

또 아이들이 저마다 지닌 아름다움에 대한 감각을 인정해 주는 것이 중요합니다. 아이가 스스로 무엇을 좋아하는지 판단하게 하고 창조성을 살려 마음껏 표현하게 해 주어야 합니다. 아름다움을 못 느끼거나 거기에 빠져들지 못하는 아이는 사랑을 충분히 받지 못하거나, 가난해서 먹고사는 것밖에는 아무것도 생각할 수 없는 환경, 어른들이 무관심하거나 폭력을 쓰는 환경에 놓인 경우가 많다고 합니다.

아이들이 생각하는 아름다움

4학년 아이 몇 명한테 '아름다움'이란 어떤 것인지 물어보았습니다. 먼저 〈글1〉처럼 주로 겉모습을 오감으로 받아들였을 때 쾌감이나 즐거움을 주는 것이 아름다움이라고 보는 아이들이 가장 많았습니다.

〈글1〉

- 꽃은 아름답다. 왜냐하면 꽃은 색깔도 화려하고 향기도 좋다. 저번에 꽃집에 갔을 때 무슨 꽃인지는 모르지만 그 꽃이 바람에 살랑거리는 걸 보고 아름답다고 느꼈다.
- 나는 시골이 아름답다. 왜냐하면 조용하고 한가롭고, 식물과 나무가 많아 공기도 맑기 때문이다.
- 여름에 갯벌에 갔는데 작은 생명들이 움직이는 모습을 보니 정말 너무 귀엽고 아름다웠다.
- 난 여자들 눈이 큰 것이 아름답다. 나의 여자 친구들은 거의 눈이 크다. 그래서 나는 그 눈을 보면 반짝반짝거려서 아름답다.

또 〈글2〉처럼 아이들 가운데는 마음을 편안하게 해 줄 때, 좋아해 줄 때, 살아 있는 생명이 귀중하다고 느끼게 해 줄 때, 어떤 일을 잘 해냈다고 느끼게 해 줄 때, 맺힌 마음을 풀어 줄 때와 좋은 느낌을 주는 경험을 했을 때 아름답다고 느끼기도 했습니다.

〈글2〉

- 저번 미술 시간에 찰흙으로 동물을 만들라고 했다. 그때 다람쥐는 선생님께 도움

을 받아 만들었지만 조금 못 만들어도 내 스스로 만든 물개를 보니 아름답게 보였다.

- 전에 스케이트를 탈 때 나는 못 탔지만 영진이가 스케이트를 잘 타니까 참 아름다워 보였다.

- 내 방이 아름답다. 왜냐하면 내 방은 엄마 아빠가 정성을 다해 직접 벽지를 붙이고 페인트칠을 하고, 가구를 놓아 주셨기 때문이다.

- 나는 우리 할머니가 아름답다. 할머니는 언제나 나를 돌봐 주고 예뻐해 주니까.

- 나는 푸른 바다가 아름답다. 전에 포항에 갔을 때 멀미도 하고 또 사촌과 싸우기도 해서 기분이 아주 안 좋았는데 푸른 바다를 보고 나쁜 기분이 싹 쓸려 가 버리는 것 같았다. 그리고 바닷물이 햇빛에 비쳐서 마치 보석처럼 빛났다.

그리고 〈글3〉처럼 내면의 아름다움을 진정한 아름다움이라고 생각하기도 합니다.

〈글3〉

- 나는 친절함이 아름답다고 생각한다. 왜냐하면 내가 학원에 갔을 때 무척 쑥스러웠는데 선생님이 친절하게 설명해 주서서 쉽게 마음이 풀렸기 때문이다.

- 우정이 아름답다. 달리기 시합을 하다가 넘어졌는데 친구가 나를 일으켜 세워서 내가 달리는 속도에 맞춰서 달려 줬기 때문이다.

4학년 아이들도 아름다움을 보는 눈이 매우 여러 가지지요? 아이들을 어리게만 볼 일이 아닙니다.

자연에서 찾은 아름다운 장면 그리기

나는 아이들한테 주로 자연에서 아름다운 장면을 찾아 그리게 해 보았습니다. 넓은 장면이 아니라 아름답다고 보는 아주 좁은 한 부분을 그리게 했습니다. 그리고 아름다움을 그림으로 표현하는 방법은 여러 가지가 있겠지만, 눈에 보이는 대로 표현하게 해 보았습니다.

사람이 만들어 낸 사물이 아닌 자연에서 아름다움을 찾게 한 까닭은 그것이 가장 근본이 되는 아름다움이라고 보기 때문입니다. 아름다움을 찾게 하는 것은 그림 그리기 전에 아름다움에 관심을 가지게 하는 매우 좋은 방법이라고 생각합니다. 자연에서 아름다움을 '찾는다'고 했는데 이 말은 마음에 더 가까이 다가오는 것을 '붙잡는다'는 뜻에 더 가깝습니다. 왜냐하면 자연은 아름답지 않은 것이 없기 때문이지요.

사람들 겉모습이나 행동에서 아름답다고 본 한순간의 모습을 그리게 하는 방법도 있습니다. 또 사람이 만든 사물에서 아름다움을 찾아 그리게 해 볼 수도 있겠지요.

〈글2〉와 같은 장면도 그리게 해 봅니다. 나타내는 것은 겉모습이겠지만 마음이 더해져 깊은 내면까지 드러나는 '아름다운 장면 그리기'가 될 것입니다. 또 〈글3〉처럼 내면에 있는 아름다움을 표현하게 할 수도 있지요. 아이들은 내면에 있는 아름다움도 사실로 표현하려고 할 때가 많지만 이끄는 방법에 따라 추상 표현도 곧잘 합니다.

지금 우리가 살아가는 세상은 틀에 갇힌 아름다움이나 상품이 된 아름다움에 자꾸만 점령되고 있습니다. 이러한 거짓 아름다움은 특정 모양이나 특정 삶만이 아름답다고 규정해 버리지요. 그래서 너도나도 성형을 하기도 하고 유행을 만들어 내어 그 속에 아주 빠지기도 합니다. 기를 쓰고 명품을 가지려고 하는 것도 마찬가지입니다.

이런 '다름이 없는 거짓 아름다움'을 깨트려야 합니다. 가지가지 새로운 참 아름다움을 끊임없이 찾아가야 하지요. 겉모습에서 느끼는 아름다움을 넘어, 내면의 아름다움, 정신의 아름다움까지 발견하고 그것을 그림으로 표현할 수 있어야 합니다. 아름다움을 찾아가는 가운데 삶은 더욱 넉넉해지고 아름다워질 것입니다.

어른들은 아이들이 이런 넉넉하고 아름다운 삶을 누리도록 이끌어 주어야 한다는 것을 잊지 말아야 합니다.

선인장꽃
대구 동호초등학교 4학년 전서영, 2010년

아름다운 장면 그리기

연꽃
대구 동호초등학교 4학년 박소연, 2010년

아름다운 장면 그리기

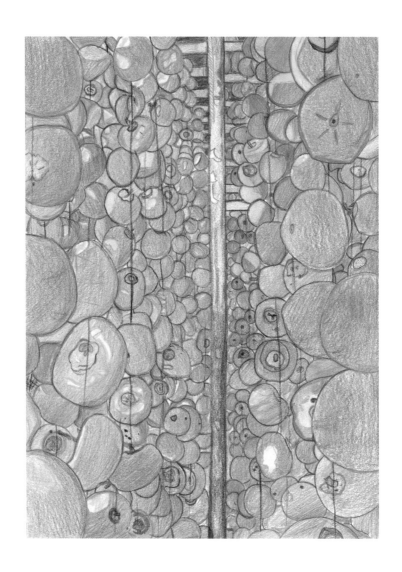

곶감

대구 동호초등학교 4학년 최다예, 2010년

아름다운 장면 그리기

소나무와 하늘
대구 동호초등학교 4학년 김민기, 2010년

아름다운 장면 그리기

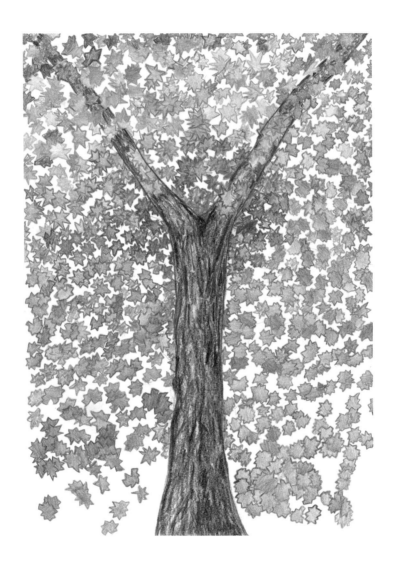

단풍나무

대구 동호초등학교 4학년 장윤정, 2010년

아름다운 장면 그리기

돌담

대구 동호초등학교 4학년 최지현, 2010년

4. 추상 그림 그리기

'추상미술'이란 대상을 사실 그대로 표현하지 않고 주관 감정을 점, 선, 면 같은 기본 조형 요소로 표현하는 미술로, 형태가 없는 생각이나 마음 상태를 표현한 것들이 많습니다. 형태를 깨어 버리거나 무너뜨린 미술 표현이라고 할 수 있지 않을까요?

추상을 크게 '따뜻한 추상'과 '차가운 추상'으로 나눌 수 있다고 합니다. '따뜻한 추상'은 '서정 추상'이라고도 하는데, 그림 그리는 사람이 느낀 감흥이나 감동을 비구상 형태와 색채로 표현하여 감정이나 정서, 뜨거운 느낌을 구성하는 그림을 말합니다. 주관성이 뚜렷하고, 그림 그리는 사람의 감정과 동작으로 강하고 열정 넘치게 표현하는 특징이 있다고 하고요. 칸딘스키와 플록 같은 사람들이 서정 추상을 그려 낸 화가입니다.

'차가운 추상'은 '기하학 추상'이라고도 합니다. 선과 면의 기하학 요소로 면을 나누고, 색채를 조화롭게 표현하여 이성이나 지성을 풍기게 하거나 차가운 느낌을 주도록 절제된 화면으로 구성하는 그림입니다.

이 그림의 구도를 정할 때는 수학 계산에 따른 기하학 형태를 쓰며, 그림을 표현할 때는 형태와 색채를 최소한으로 나타냅니다. 몬드리안과 니콜슨 같은 사람들이 기하학 추상을 그린 화가지요.

또 대부분 추상 미술은 두 가지 틀 안에서 변형이 이루어진다고 합니다. 하나는 어떤 사물을 점점 단순하게 만들어 나중에는 그 사물이 무엇이었는지 간신히 알 수 있거나 아예 알 수 없게 바꾸는 과정을 나타내는 경우입니다. 또 하나는 기하 형태로 나타내는 것인데, 사실은 사물 형태를 단순화해서 기호 형태로 아주 간단하게 표현한 것 정도로 생각하면 됩니다. 추상 화가 샘 프랜시스는 추상 그림에 대해 '눈이 있는 수만큼 많은 이미지가 존재한다'는 말을 했다는데 추상 그림은 그만큼 보는 사람마다 그 뜻을 다르게 볼 수 있다는 말이 아닌가 싶습니다.

아이들을 위한 추상 표현 지도 방법

아이들한테 추상 그림이 이렇다 저렇다 하면서 자세하게 말로 설명할 것까지는 없겠지요. 설명하더라도 뜻을 잘 이해하기는 어려울 테니까요. 아이들한테는 추상 그림을 많이 보여 주는 것이 더 좋지 않을까 생각합니다. 그림책 가운데 추상으로 그린 그림책을 참고해 보도록 하는 것도 좋겠지요. 인터넷에 올라와 있는 추상 그림 자료들 가운데 아이들이 볼 만한 것들을 골라 보여 주는 것도 도움이 될 것입니다.

아이들이 할 수 있는 추상 표현 방법을 이렇게 나누어 보았습니다.

첫째, 사물을 추상 그림으로 표현하는 방법이 있습니다. 이를테면 금붕어 한두 마리를 구체로 그린 다음, 다시 그것을 차츰 단순화해 그리면서 금붕어라는 느낌이 조금만 나게 하거나 아니면 아주 다른 느낌이 나도록 새롭게 표현하는 것입니다.

둘째, 사실이나 사건, 이야기를 추상화하는 방법이 있습니다. 있는 사실 가운데 한 장면을 아주 단순화하든지 아주 다른 표현으로 새로운 느낌이 살아나도록 그리는 것이지요.

나는 아이들에게 어떤 사실이 들어 있는 한 장면을 추상으로 그리도록 해 보았습니다. 먼저 어떤 한 장면을 고릅니다. 4학년 진흥림의 그림 〈성민이의 벌과 우리들〉(73쪽)을 보면 쉽게 이해할 수 있을 것입니다.

흥림이의 그림을 보면 창문 밖 복도 쪽에 있는 한 아이 모습을 조그만 타원 형태로 그렸습니다. 타원 안에 교실 쪽으로 눈동자처럼 동그라미를 그리고, 굳게 닫혀 있는 입 모양도 그려 놓았습니다. 벌서는 아이지요.

그리고 교실 안쪽에는 여러 아이들 모습을 타원 형태로 그리고, 눈동자인 듯한 동그라미들이 복도에 벌서는 아이 쪽을 보고 있는 것처럼 그려 놓았습니다.

또 교실 앞엔 아주 큰 타원형, 그러니까 큰 얼굴을 그리고 화가 나 있는 듯 찢어진 눈과 눈썹을, 타원형 위엔 머리카락이 삐죽 선 듯한 모습을 그려 놓았습니다. 복도와 교실 사이에 있는 창문을 경계로 복도는 차가운 느낌을 주는 파란색을, 교실은 따뜻한 느낌을 주는 주황색을 칠해 놓았고요.

이 그림을 보면 복도에서 벌서는 아이한테 눈이 쏠리는 모습을 강조한 것 같기도 하고 아이들이 웃는 입 모양을 생각하고 그렸을 것 같기도 합니다. 복도 쪽 배경을 차갑게 느껴지는 파란색으로 칠한 것은 벌서는 아이 기분을, 교실 안 쪽을 주황색으로 칠해 놓은 건 훈훈한 교실 분위기를 표현한 것이 아닌가 싶습니다. 그런대로 재미있게 그린 것 같지요? 진흥림 어린이가 쓴 글을 읽어 보면 더 잘 이해할 수 있습니다.

셋째, 아무 생각 없이 마음 가는 대로 표현하는 방법이 있습니다. 정해진 형태가 없는 자유로운 표현이지요. 모양과 색으로 자유롭게 표현하는 방법입니다.

가끔은 아이들한테 추상 그림을 보여 주면서 어떤 생각이 드는지, 어떻게 느껴지는지, 또 어떤 이야기가 담겨 있는지 상상해 보고 이야기해 보도록 하는 것도 참 재미있을 것입니다.

아름다움이란 겉으로 드러난 것뿐만 아니라 속에 있는 아름다움, 또 제 나름대로 마음에서 느껴지는 추상의 아름다움도 있다는 것을 깨우쳐 주는 기회도 될 것입니다. 추상 그림 그리기, 아이들한테도 지도해 볼 만합니다.

추상 그림 그리기

성민이의 벌과 우리들
대구 동호초등학교 4학년 진흥림, 2010년

저번 주 수요일, 성민이가 너무 떠들고 까불거리다가 선생님한테 걸려서 복도로 쫓겨 나가게 되었다.

그런데 성민이가 엉뚱한 짓을 하다가 갑자기 재빠르게 제자리에 서서 차렷 자세를 했다.

선생님이 그걸 보시더니 다시 "성민이 이놈 자슥, 뭐 하는 거야!" 하고 호통을 치셨다.

그러자 성민이는 다시 깜짝 놀라고 움츠리며 꼿꼿하게 섰다. 그 행동을 보고 우리는 모두 웃음을 터뜨렸다. 선생님 얼굴에도 웃음이 번졌다.

추상 그림 그리기

엄마의 잔소리
대구 동호초등학교 4학년 최다예, 2010년 12월 18일

나는 여자지만 축구를 좋아한다. 내가 축구를 하고 돌아오니 엄마는 화가 났는지 나보고 "너 어디 갔다 왔어?" 하고 소리쳤다.
나는 축구했다는 말은 피하고 그냥 "친구하고 놀다 왔어." 했다. 그런데 엄마가 너무 차갑게 대해서 짜증이 났다.
나는 엄마가 화가 많이 나 있어서 엄마를 불이 난 듯이 빨간 바탕에 빨간 얼굴로 칠했다. 나는 엄마의 잔소리를 방어하고 있는 듯이
파랑이다. 나는 또 엄마의 잔소리에 기가 죽어서 울랑 말랑 하는 모습을 표현하였다. 우리 엄마는 화났다 하면 무섭다.

추상 그림 그리기

자유

대구 동호초등학교 4학년 전민아, 2010년

나는 요즘 자유를 느낀다. 과일을 먹으며 텔레비전을 즐기기 때문이다. 하지만 자유가 밉일 때도 많다. 책도 읽고 공부를 해야 하기 때문이다.
그런데 내가 자유를 즐기고 있을 때 엄마는 가끔 이렇게 말한다.
"야, 민아야. 자유롭게 있을 새 없다. 시험 끝났다고 그렇게 한가롭게 있지 마라."
"엄마, 자유롭게 좀 있자! 내가 자유롭게 좀 있으면 어때서!

추상 그림 그리기

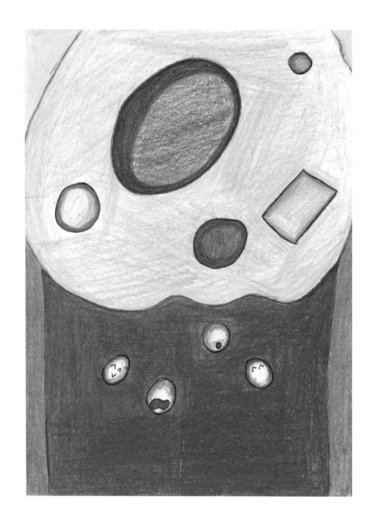

엄마의 뱃살

대구 동호초등학교 4학년 최지현, 2010년

저번에 있었던 일이다. 엄마가 그날따라 먹을 것을 많이 먹고는 배를 내밀고 앉았다.
그 옆에 앉아 있던 아빠가 엄마 뱃살을 잡으며 "아이그으, 뱃살 좀 봐라. 살 좀 빼라." 하고 말했다.
그러니까 엄마가 벌떡 일어서더니, 배를 내밀고 펄쩍펄쩍 뛰기 시작했다.
엄마의 뱃살이 위아래로 막 출렁출렁거렸다. 우리는 막 웃었다. 아빠도 덩달아 웃었다.

추상 그림 그리기

어머니께 혼나는 나의 모습
대구 동호초등학교 4학년 김제훈, 2010년

지난번에 학원에서 시험을 쳤다. 나는 많이 틀려서 기분이 좋지 않은 상태로 집에 왔다.
나는 어머니께 시험 친 것을 보여 드렸다. 어머니가 나보고 말했다.
"내일모레가 학교 시험인데 이것밖에 못 쳤나?"
나는 예상대로 역시 꾸중을 들었다. 나는 "아이 참, 다음에 시험 잘 치면 되잖아요!" 하며 대들듯 말했다.

2장

보고 듣고 느끼고
상상한 것 그리기

1. 내가 꾼 꿈 그리기

내가 어릴 때 꾼 꿈 가운데 가장 생생하게 떠오르는 것은 돈 줍는 꿈입니다. 냇가에서 주먹만 한 돌을 들춰낼 때마다 백 원짜리, 오백 원짜리 동전이 자꾸 나오는 겁니다. 신나는 일이지요. 깨고 나서도 꿈 같지가 않아 정말 돈이 있는지 둘레를 살펴보기도 했습니다. 돈이 많았으면 하고 바랐던 마음이 꿈으로 나타난 게 아닌가 싶습니다.

낭떠러지 아래로 떨어지는 꿈도 자주 꿨습니다. 어른들 말로는 그 꿈을 꾸면 키가 큰다고 하지요. 또 나쁜 사람이나 짐승이 쫓아오고 나는 막 달아나는 꿈도 더러 꾸었습니다. 아무리 빨리 달아나려고 해도 발이 잘 떼어지지 않아 애태우다 잡히려는 찰나 "아아악!" 소리 지르며 깨어났지요. 그런 꿈을 꾸고 나면 온몸이 땀에 흠뻑 젖곤 했습니다.

사람의 경험과 소망이 담긴 꿈

프로이트는 사람들이 꾸는 꿈속에는 꿈꾼 사람이 겪은 경험이 들어 있다고 말합니다. 그리고 꿈을 만드는 과거의 경험에는 크게 세 가지가 있다고 합니다. 바로 이전 또는 그보다 더 오래전에 겪은 일 가운데 잊어버린 경험, 어린 시절의 기억, 우리가 크게 신경 쓰지 않던 사소한 기억으로요.

또 프로이트는 무의식 속에 있는 소망을 충족하기 위해 꿈을 만든다고 보았습니다. 꿈은 왜곡된 모습으로 많이 나타나잖아요. 과거에 겪은 일을 압축하거나, 중요한 것을 사소한 것으로 이야기하거나, 어떤 생각을 시각화한 형태나 상징 형태로요. 소망을 충족하고 싶지만 소망에 저항하는 어떤 요인 때문에 그렇게 나타난다고 합니다. 어린아이들은 아주 단순한 형태로 소망 충족을 뜻하는 꿈을 많이 꾼답니다.

왜곡된 모습을 보여 주는 꿈을 꿀 때는 아주 불쾌하거나 불안하게 느껴지기도 하지요? 하지만 그 겉모습은 진짜 모습이 아니라니 크게 마음에 담아 두지 말길 바랍니다.

꿈속에서 바라는 소망, 어린 시절부터 무의식에 있던 욕구나 속마음을 드러내기도 한다니 현실에서 풀지 못하는 것을 꿈속에서라도 풀면서 안정도 찾고 상처도 치유할 수 있으면 참 좋겠습니다.

꿈 그리기

아이들한테 꿈속 세계를 그리게 해 보았습니다. 어른 머리로는 황당한 내용이라도 아이들은 신기해하고 재미있어하며 그립니다. 상상과 공상 그림은 바탕이 되는 내용이나 그림으로 표현하는 장면까지 모두 머릿속으로 그려 내어야 하지만, 이 꿈 그림은 내용에 상상과 공상 요소가 많이 들어가더라도 이미 형상화된 모습을 그림으로 표현한다는 것이 조금 다릅니다.

꿈을 그림으로 표현하려면 먼저 꿈 내용을 떠올려야겠지요. 꿈은 이야기가 하나로 이어지지 않고 도막도막 끊겨서 쉽게 잘 잊어버리기도 합니다. 그러니까 잊어버리지 않으려면, 쉽지는 않지만 잠에서 깨어나자마자 바로 기록해 두는 것이 좋겠지요. 어떻게 하든 먼저 꿈 내용을 머릿속에 떠올립니다.

그다음은 불완전한 꿈 내용을 구체로 엮어 봅니다. 끊긴 부분은 잇고, 때로는 불완전한 부분을 조금씩 만들어 끼워 넣기도 하면서요.

다음은 이 꿈 내용 가운데 한 장면을 선택해야 합니다. 그리고 선택한 그 한 장면을 다시 머릿속에서 더 구체로 그려야 하고요. 그러다 보면 자기의식이 조금 들어가기도 합니다. 그래도 괜찮습니다. 이렇게 한 순간만 선택하지 않고 중요한 여러 장면을 한 화면에 함께 섞어서 나타낼 수도 있습니다.

또 그림 그릴 때 장면 전체는 꿈속 모습을 그대로 살려 그리지만 자세한 내용은 다시 자기의식이 더해진 모습으로 표현하게 됩니다. 여기에다 자기가 원하는 색깔을 넣어 그린다면 더욱 자기의식이 더해져 뚜렷하게 표현할 수 있을 것입니다.

그림을 다 그리면 꿈 내용을 글로 써 보도록 합니다. 특히 상상과 공상 그림이나 꿈 그림에서는 그릴 내용을 글로 먼저 써 보게 하면 장면을 더 구체로 정리하기 쉽겠지요.

요즘 과학에서는 꿈은 밖에서 들어오는 여러 가지 신호를 대뇌가 그럴듯한 이야기로 꾸며 낸 것이라고도 하는데 정말인지는 아무도 모를 일입니다. 꿈을 자주 꾸면 꿈자리가 시끄럽다고 하지요? 뭔가 마음이 편하지 않고 이것저것 고민이 많으면 무의식 속에도 그것이 스며들어 다시 꿈으로 드러나나 봅니다.

가끔 아이들에게 이런 꿈 그림도 그려 보게 합시다. 꿈을 그리게 하면 초현실 그림이나 추상 그림 공부도 자연스럽게 될 것입니다.

내가 꾼 꿈 그리기

마녀의 요리

대구 동호초등학교 4학년 이완동, 2010년

내가 마녀 집에 잡혀 갔다. 깨어 보니 나는 마녀 방에 있는 그릇 안 밀가루 위에 누워 있었다.
마녀가 무슨 주문을 외우더니 갑자기 위에서 소금, 후추, 생크림, 햄, 우유, 요거트가 마구 쏟아졌다.
나는 얼른 숨을 크게 들이쉬고는 밀가루 속으로 들어갔다. 내가 밀가루 밖으로 다시 나오니까 마녀는 다른 소스를 가지러 부엌으로 갔다.
나는 그 틈을 타 밖으로 나가기로 했다. 나는 마녀의 빗자루를 타고 갔다. 그러다 잠이 깨어 버렸다.

내가 꾼 꿈 그리기

악어와의 결혼
대구 동호초등학교 4학년 박찬호, 2010년

이 꿈은 내가 악어를 좋아하고 있을 즈음 꾸었다. 2015년 '찬호'라는 탐험가가 아마존을 탐험하고 있었는데 갑자기 무서운 악어가 나타나서 말했다.
"저는 선생님과 결혼하고 싶어요."
"아니, 어떻게 악어하고 사람이 결혼한다는 것입니까?"
"어쨌든요. 내 말을 거역하면 이 무시무시한 이빨로 잡아먹을 거예요."

내가 꾼 꿈 그리기

구름이 된 나
대구 동호초등학교 4학년 최주영, 2010년

갑자기 내가 어떤 집에 와 있었다. 거기서 '?' 표시가 쓰인 약을 발견했다. 그 약을 먹고 거울을 보니 내가 구름으로 변해 있었다.
밖에 나가 이상한 마을 앞에 서 있는데 집이 없어졌다. 구름이 된 나는 하늘을 날기 시작했다. 그런데 마을 입구 쪽에 가다 보니
'유성 아파트'라는 곳이 있었다. 아파트 12층을 들여다보니 슈퍼맨과 천사가 나를 보고 놀라서 공격했다.
나는 마법에 걸려서 공격 당해도 아무렇지도 않았다. 그래서 나는 불사신이라 생각하고 천사와 슈퍼맨을 공격했다.

내가 꾼 꿈 그리기

피에로

대구 동호초등학교 4학년 안혜빈, 2010년

피에로가 우리 거실에 나타났다. 나와 동생은 너무 무서웠다. 그 피에로는 너무 무서운 피에로였기 때문이다.
우리는 피에로의 손아귀에서 벗어날 수 없었다. 피에로의 장난감이 되고 말았다. 피에로는 우리를 손으로 꽉 쥐고 빙글빙글 돌렸다.
나와 동생은 너무 어지럽고 무서워 울고 싶었다. 그리고 피에로를 공격하고 싶었지만 우리는 피에로의 마법 때문에 작아졌다.
피에로는 우리를 빙글빙글 돌리며 저글을 하고 놀잇감으로 썼다. 이때 엄마가 깨워서 잠에서 깼다. 너무너무 끔찍한 꿈이었다.

내가 꾼 꿈 그리기

동굴의 왕

대구 동호초등학교 4학년 김민규, 2010년

나는 아빠와 함께 동굴에 놀러 갔다가 아빠를 잃어버렸다. 그때 동굴 안쪽에서 어떤 병사 몇 명이 나한테 뛰어왔다.
난 정말 당황했다. 영문도 모른 채 병사들을 따라 빛이 있는 동굴로 따라갔다. 그 안에는 온갖 보물과 병사, 신하, 많은 식량들이 있었다.
난 병사가 주는 왕관과 왕 옷을 받아 입고 왕 의자에 앉았다. 부하들이 주는 차와 닭고기, 과일 들 온갖 것들로 차린 진수성찬을 맛있게 먹었다.
그때, 엄마가 빨리 일어나라고 했다. 실망이 컸다.

내가 꾼 꿈 그리기

자전거 날다
대구 동호초등학교 4학년 김민준, 2010년

내가 우산을 들고 자전거를 타고 고속도로 위에서 날고 있었다.
'어떻게 된 일이지?'
바람이 조금 불었다. 하지만 나는 잠바를 입고 있어서 따뜻했다. 점점 앞으로 나아갔다. 아래를 내려다보니 차들이 오가고 있었다.
그런데 앞에 큰 표지판이 있었다. 거기에는 어느 지역까지 가는 데 몇 분이라는 표시가 있었다. 나는 바람 때문에 먼 곳까지 날아갔다.

내가 꾼 꿈 그리기

지옥에 갈 뻔했다

대구 동호초등학교 4학년 김동현, 2010년

나는 어느 날, 엄마한테 말도 하지 않고 동생과 밖에 나가서 밤늦게까지 놀았다. 그런데 큰일이 일어나고야 말았다.
"음, 이제 새벽 한 시군. 지금 밖에서 노는 아이들을 당장 데려오거라!"
염라대왕이 명령하자, 저승사자들이 와서 우리를 저승으로 데려갔다. 염라대왕은 재판을 시작했다.
우리는 모르고 늦게까지 놀았다고 말했는데도 끝까지 용서해 주지 않았다.

내가 꾼 꿈 그리기

도깨비 세상

대구 동호초등학교 4학년 김제훈, 2010년 10월 26일

한 아이가 도깨비에게 잡혔다. 또 한 아이는 살려 달라고 도깨비한테 빌었다. 이제는 울기 시작했다. 잡혀 있는 아이도 울었다.
도망가려고 해도 갈 수가 없다. 온 세상이 도깨비 세상이기 때문이다. 자기 뒤에 원래 세계로 가는 홀이 있지만 열쇠가 없어서 원래 세계로
돌아가지 못한다. 아무리 둘러보아도 역시 도깨비밖에 없다. 나무들도 도깨비들의 부하다. 원래 세계로 돌아가려면 역시 그 문으로
돌아갈 수밖에 없다. 하지만 그 문의 열쇠는 도깨비가 가지고 있다. 그러다 깼었다. 이 꿈은 정말 현실인 것처럼 무서웠다.

내가 꾼 꿈 그리기

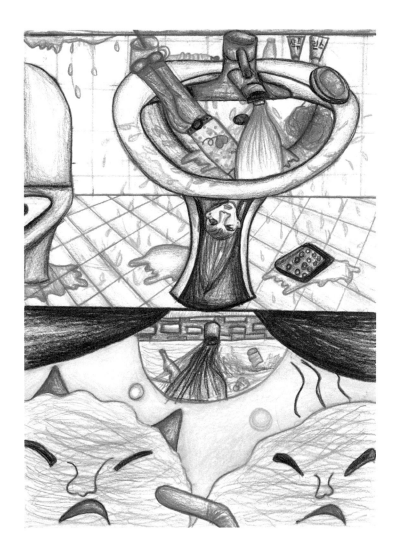

하수구에 빠진 나

대구 동호초등학교 4학년 전서영, 2010년 11월 12일

꿈에 내가 나타났다. 나는 화장실로 들어가 세면대 앞에 섰다. 물을 틀어서 씻으려고 하는데 갑자기 내가 작아졌다.
그리고 세면대 밑 물이 빠져나가는 구멍이 나를 빨아 당겼다. 나는 머리부터 거꾸로 세면대 구멍 속으로 들어가게 되었다.
자꾸 나를 조이면서 더욱 잡아당기는 것 같았다. 나는 하수구 속에 들어갔다. 그런데 물들이 화난 모습으로 사람들을 비난하고 있었다.
"사람들은 정말 나빠. 정말 화가 나. 어떻게 우리들을 그렇게 마음대로 쓸 수 있어?"

내가 꾼 꿈 그리기

나비들의 습격
대구 동호초등학교 4학년 최지현, 2010년 11월 11일

나는 큰방 침대에서 쿨쿨 자고 있었다. 그런데 무언가 불편하게 하는 것이 있었다.
나는 벌떡 일어나 둘러보았다. 나방과 나비 몇 마리가 내 귀 옆에서 얼쩡댔다.
대왕 나비가 날 공격했다. 왕방울만 한 눈을 가졌다. 그리고 기다란 빨대 모양의 입과 화려한 날개를 가졌다.
꼬리에는 벌같이 빨을 달고 있었다. 나는 너무 무서워서 엄마를 불렀다. 그때 눈을 딱 떴다. 정말 괴상한 꿈이었다.

내가 꾼 꿈 그리기

공룡

대구 동호초등학교 4학년 이완동, 2010년 11월 12일

내가 무슨 집에서 자고 있다 일어났는데 밖에 있던 공룡이 집을 쳤다. 나는 겁이 나 재빨리 밖으로 나왔다. 집이 와르르 무너졌다.
그때 갑자기 어떤 종이가 내 얼굴 앞에 날아왔다. 그 종이에는 '무엇이든 만들어 드리겠습니다. −○○박사가'와 전화번호가 적혀 있었다.
"저 지금 급한데요. 큰 것을 작게 만들고 성격도 얌전하게 하는 주사약을 만들어 주세요."
주문한 그 약이 나오자 나는 공룡한테 주사를 맞혔다. 공룡들은 그 주사를 맞고는 작아지고 사나움도 사라졌다.

내가 꾼 꿈 그리기

구름에서 놀다가 친구가 밀었던 꿈

대구 동호초등학교 4학년 김주은, 2010년 11월 12일

내가 구름에서 놀고 있었다. 그러다 갑자기 내가 떨어지는 것이다. 갑자기 일어난 일이었다. 나는 "으아아!" 하고 떨어졌다.
그런데 바로 밑에 악어가 있었다. 악어들은 먹이를 먹으려고 사납게 입을 벌리고 있었다. 떨어지다 풍선을 보았다.
그래서 그걸 잡았는데 잡자마자 거꾸로 올라갔다.
나는 어리둥절했다. 그러다 나는 다시 구름 위로 올라가 놀았다.

내가 꾼 꿈 그리기

화산에서의 모험

대구 동호초등학교 4학년 진흥림, 2010년 11월 15일

꿈에서 난 필리핀에 있는 산에 올라가 캠핑을 했다. 졸려서 "흐아아암!" 하며 잤다. 갑자기 '쿠콰콰쾅!' 큰 소리가 들렸다.
깜짝 놀라서 텐트 문을 열고 밖을 봤다. 화산이 폭발하는 것이다. 난 재빨리 짐을 쌌다. 그런데 밖으로 나가려는 순간 화산 불이 내게로 왔다.
"맙소사! 끝장이다!"
다시 화산 불이 내 쪽으로 밀려 내려왔다. 난 정신을 잃었다. 여기서 꿈이 끝났다.

내가 꾼 꿈 그리기

내가 구미호 되다
대구 동호초등학교 4학년 임혁규, 2010년 11월 15일

밤에 내가 걸어가고 있었다. 그런데 어떤 이상한 마녀가 와서 "구미호가 되어라!" 했다. 나는 갑자기 키가 사람의 열일곱 배 정도 커지고,
발도 엄청나게 커지고, 팔이랑 다리도 너무 커졌다. 나는 건물을 다 부쉈다. 그리고 내가 "소환!" 하면서 공룡을 생각하니까
갑자기 엄청 큰 공룡이 나와서 건물을 다 태웠다. 용도 소환을 했다. 마녀가 "찌그러져!" 하고 말하니까
내가 갑자기 작아지면서 아파트로 도망가다가 구멍 속에 들어가 버렸다. 그러면서 나는 잠에서 깨었다.

내가 꾼 꿈 그리기

사람보다 커진 생쥐

대구 동호초등학교 4학년 전서영, 2010년 11월 16일

내가 갑자기 작아지더니 난쟁이가 되어 버렸다.
내 방 밖으로 나갔는데 어떤 거인이 탁자에서 밥을 먹고 있었다. 다가가서 보니 생쥐였다.
생쥐는 갑자기 일어서서 내 쪽으로 다가왔다. 나는 작은 몸이라 바닥에 납작 엎드려서 피했다. 그런데 그만 기침을 하고 말았다.
그러다 생쥐랑 눈이 마주쳤다. 나는 벽에 나 있는 구멍으로 피했다.

내가 꾼 꿈 그리기

동물들
대구 동호초등학교 4학년 최지현, 2010년 11월 27일

꿈에서 내가 자고 있는데 이상한 소리가 들리기에 비실비실 걸어 거실로 나갔다.
코끼리, 기린, 돼지, 악어, 토끼 같은 동물들이 우리 집에 함부로 들어와 물건들을 함부로 만지고 똥도 싸고 뭐를 막 먹기도 하였다.
나는 너무 시끄럽고 똥 냄새도 나고 신경이 쓰여서 나 혼자라도 꼭 치우고 자겠다고 마음을 먹었다.
똥 냄새를 맡지 않으려고 마스크를 꼈다. 베란다에 있던 빗자루를 들어서 똥을 모두 치웠다. 그러다 깨 보니 꿈이었다. 꿈이 너무 희한했다.

내가 꾼 꿈 그리기

나의 불을 받아라
대구 동호초등학교 4학년 임혁규, 2010년 12월 3일

꿈에서 나는 우리 아파트 옥상에 올라갔다. 그런데 공룡 같은 동물이 아파트 옥상에 내려앉았다.
내가 갑자기 공룡 머리 위에 올라가니까 공룡 머리로 기계가 씌워졌다.
내가 움직이니까 어떤 공룡이 움직였다. 나는 "이 시내를 없애 버리겠다! 먼저 나의 불을 받아라! 다 태워 버리겠다!" 하며 불을 뿜었다.
아파트가 불에 다 타고 시내는 불바다가 되어 버렸다.

2. 상상과 공상 그림 그리기

'상상'은 '머릿속으로 그려서 생각함', '현재의 지각에는 없는 사물이나 현상을 과거에 경험한 관념에 근거하여 재생시키거나 만들어 내는 마음의 작용'이라고 풀이합니다. '공상'은 '실행할 수 없거나 실현될 수 없는 헛된 생각을 함, 또는 그런 생각'이라고 풀이하고요.

그래서 그런지 우리는 상상과 공상을 보통 엉뚱하고 황당한 생각이라고도 합니다. 현실은 제쳐 두고 늘 상상과 공상만 한다면 그렇게 생각할 수도 있겠지요. 하지만 그 어떤 생각보다 쓸모 있는 앞선 생각일 수 있습니다.

현실로 이루어질 수 없을 것 같았던 상상은 실제로 이루어지기도 합니다. 하나의 보기로 요즘 차에는 대부분 '네비게이션'을 달고 다니지요? 우리 어릴 때는 첩보영화나 공상과학영화에서나 볼 수 있었던 것입니다.

아주 허황한 공상이라고 하는 것도 실제로는 이루어질 수 없는 일이 현실로 이루어졌으면 하는 간절한 마음이 담겨 있기도 합니다. 또 이것이 있어야 발전도 할 수 있는 것이지요. 그러니까 좀 황당하다고 보는 아이들의 '상상과 공상 그림'도 우습게만 볼 것이 아니라 오히려 키워 주어야 합니다.

상상화의 여러 갈래

어른들이 그리는 상상화를 갈래별로 정리하면 다음과 같습니다.

경험화 실제로 보고, 듣고, 겪은 일을 머릿속으로 떠올리며 그리는 그림.
공상화 현실에 없거나 겪지 않은 일을 자유롭게 상상해 그리는 그림.

이야기 그림　이야기의 내용을 상상해 그리는 그림.

역사화　역사 사건이나 인물을 소재로 그리는 그림.

종교화　종교 사실이나 인물, 또는 전설 따위를 그리는 그림.

초현실화　꿈과 같은 환상 속 세계를 그리는 그림.

추상화　사물을 있는 그대로 나타내지 않고 점, 선, 면, 빛깔 따위로 표현하는
그림.

환상화　현실로는 있을 수 없는 일을 있는 것처럼 상상하여 그리는 그림.

연상화　어떤 사물을 보거나 듣거나 생각하거나 할 때, 그와 이어지는 다른 사
물이 머리에 떠오르는 것을 그리는 그림.

이 그림들 가운데 실제로 보고 듣고 겪은 일을 그리는 경험화는 '생활 그림'
에 넣고, 그 나머지 그림만을 '상상 그림'으로 묶도록 하겠습니다.

아이들의 드넓은 상상 세계를 끄집어내기

아이들은 상상화 하면 과학 상상화를 먼저 떠올립니다. 과학 상상화 가운데
서도 우주 세계, 그 가운데서도 흔히 우주여행이나 우주 전쟁을 그립니다. 만화
나 컴퓨터 같은 데서 본 것을 본떠 그리는 경우가 많지요. 그다음은 바닷속이나
땅속에서 사람이 살아가는 모습을 많이 그립니다. 이제는 여기서 벗어나 좀 더
다양하고 넓은 상상과 공상 세계를 생각할 수 있도록 지도했으면 합니다.

이 책에 내보이는 아이들의 상상화 제목들을 살펴보면 '바나나 왕국', '채소나
라', '모든 것이 살아 있다면', '사이보그 로봇 병원', '사탕 비', '환경이 사람을 조
종하다' 들이 있습니다. 이렇듯 아이들의 상상과 공상은 끝이 없지요. 어떤 목
적과 주제가 있는 것도 있고, 아주 터무니없는 것도 있습니다.

아이들이 자유롭게 상상과 공상을 하려면 먼저 자기 세계에 빠져야겠지요.
"자 이제부터 상상하자!" 한다고 해서 상상에 빠질 수 있는 건 아니고, 대체로
어떤 실마리가 있어야겠지요.

내가 어릴 때 이런 일이 있었습니다. 낮에 아이들과 뱀을 죽였습니다. 혀를

날름거리고 있는 뱀을 보면 마치 공격할 것 같잖아요? 그 두려움에 지나가다 머뭇거리는 그 뱀에게 돌을 던져 죽인 것입니다. 뱀은 자기 세상에 침입한 우리를 경계한 것뿐인데 말입니다. 그러고는 밤에 자려고 누웠는데 낮에 입을 딱딱 벌리며 고통스럽게 죽어 간 뱀이 떠올랐습니다. 그 뱀이 다른 뱀을 불러 모아 나를 잡아먹으려고 따라오는 상상을 하게 됩니다. 상상한 장면을 그릴 때, 여기서는 뱀 죽인 일이 실마리가 되는 것이지요.

더울 때는 아이스크림이 몹시 먹고 싶지요? 너무나 먹고 싶은 나머지 온 세상이 아이스크림으로 덮인다면 어떨까 상상하기도 할 것입니다. 그럴 때 먹고 싶으면 언제든지 아무것이나 핥아 먹을 수 있으니 얼마나 좋을까요.

또 밖으로 드러난 나무뿌리를 보다가 상상과 공상에 빠질 수도 있습니다. 나무뿌리가 "네 이놈! 우리 나무들을 못살게 굴었지! 오늘 혼 좀 나 봐라!" 하며 가지나 뿌리로 아이의 몸을 휘휘 감으려고 하고, 아이는 거기에서 벗어나려고 달아나다 뿌리와 싸우기도 하는 상상 말입니다. 상상 그림은 이렇게 떠올려 그리는 것이지요.

처음엔 아무 생각 없이 가만히 있거나, 골똘히 무엇을 생각하다가 공상 세계에 빠질 수도 있을 것입니다. 그림 그리기 바로 전에 조용히 눈을 감고 이런저런 생각을 하다 떠오르는 상상을 그릴 수도 있습니다.

'상상과 공상 그림 그리기'를 할 때는 먼저 상상한 것 가운데 한 장면을 붙잡습니다. 그리고 뼈대가 될 그림을 먼저 그리지요. 그런 뒤 자세한 모습을 떠올려 살을 붙여 그립니다. 그때그때 떠오르는 상상을 더 보태어 그리기도 하고요. 아이들은 대충 그리는 경우가 많은데, 아무리 상상한 것이라도 나름대로 합리성을 살려 구체로 그리도록 해야 합니다.

아이들은 이런 그림을 그릴 때는 시간 가는 줄도 모르고 푹 빠져 있을 때가 많습니다. 그만큼 상상과 공상 세계는 아이들만이 가진 특별한 세계라고 할 수 있지요. 아이들 머릿속에는 어른들은 아무리 생각해도 못 떠올릴 아주 새로운 생각이 가득 들어 있습니다. 그 생각들을 자꾸 끄집어내 주어야 생각이 더욱 자라게 됩니다.

상상과 공상 그림 그리기

모든 것이 살아 있다면
대구 동호초등학교 4학년 최지현, 2010년

모든 것이 살아 있다고 상상해 보았다. 한 건물은 제 몸이 무겁다고 자기 몸 안에 있는 가구, 텔레비전 같은 것을 모두 밖으로 내버렸다. 그리고 자고 있는 사람까지 끌어내리는 공원 의자에 털썩 앉았다.

사람이 무심코 지나가는데 "아악!" 아주 길게 큰 소리를 질렀다. 바로 땅이었다.

무지개도 눈, 코, 입이 달려서 지구로 내려와 돌멩이들을 미끄럼 태워 준다. 그리고 자동차는 굴러다녀야 하는데 서서 다닌다.

상상과 공상 그림 그리기

바나나 왕국

대구 동호초등학교 4학년 김민준, 2010년

바나나들이 왕국을 만들어서 나를 왕으로 추대했다. 내가 어릴 때부터 바나나를 너무 좋아했는데 그것을 바나나들이 알고 있었기 때문이다.
과일 왕국에서는 사람에게 먹히는 것을 가장 큰 행복이라고 생각하고 있다.
바나나 왕국을 다스리는 원칙은 모든 일을 왕 멋대로 하지 않고 백성들의 의견에 따라
일을 처리해 나가는 것이다. 바나나 왕국의 목표는 모두들 편안하고 행복하게 사는 것이다.

상상과 공상 그림 그리기

내 몸에 나쁜 바이러스가!
대구 동호초등학교 4학년 장윤정, 2010년

상상과 공상 그림 그리기

바다 세상
대구 동호초등학교 4학년 전서영, 2010년 10월 11일

상상과 공상 그림 그리기

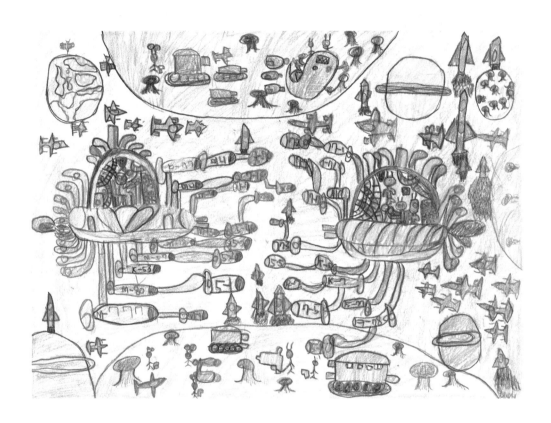

주황 외계인과 파랑 외계인의 대결
대구 동호초등학교 4학년 최주영, 2010년 10월 8일

파랑 외계인이 유에프오를 끌고 기지로 가고 있었다. 주황 외계인도 마찬가지이다.
이 두 외계인은 여러 가지 문제로 서로 나쁜 사이다. 그런데 서로 마주쳤다.
두 외계인은 서로 첨단 무기로 공격을 해 댔다.
아직 외계인은 한 명도 죽지 않았지만 서로 기계가 부숴지고 난리가 났다.

상상과 공상 그림 그리기

땅속 세상
대구 동호초등학교 4학년 전서영, 2010년

상상과 공상 그림 그리기

채소나라

대구 동호초등학교 4학년 장윤정, 2010년 10월 15일

상상과 공상 그림 그리기

내가 살고 싶은 집
대구 동호초등학교 4학년 최지현, 2010년 10월 11일

상상과 공상 그림 그리기

사탕 비
대구 동호초등학교 4학년 김지민, 2010년 10월 15일

지민이라는 아이가 하늘에 "하느님, 사탕을 주세요! 사탕이 너무 먹고 싶어요!" 하고 빌었습니다.
그런데 진짜 하늘에서 사탕 비가 마구 떨어지고 있지 않겠습니까! 창문으로 내다봤더니 하늘에서 거인이 사탕을 마구 내리고 있었습니다.
"이제 사탕 그만 내려 주세요. 사탕 많이 내려 주셔서 감사합니다, 하느님!"
사탕 비가 뚝 그쳤습니다. 지민이 바구니에만 사탕이 수북이 담겨 있었습니다.

상상과 공상 그림 그리기

술들의 반란

대구 동호초등학교 4학년 김민준, 2010년 10월 30일

상상과 공상 그림 그리기

사이보그 로봇 병원

대구 동호초등학교 4학년 최다혜, 2010년 10월 16일

내가 운영하는 병원은 바로 사이보그 로봇 병원입니다. 로봇 의사가 아픈 사람을 진단합니다.
그다음에 어떤 일을 하는지를 묻습니다. 치료받는 사람이 어떤 일을 하는지 말을 하면 로봇 의사는 그 일에 맞는 몸으로 고쳐 줍니다.
팔 힘이 아주 세어야 하는 일을 하는 사람에게는 팔 힘이 세어지도록 관절을 바꾸어 주고 근육이 단단하게 되도록 해 줍니다.
또 뜨거운 용광로 앞에서 일하는 사람에게는 뜨거운 쇳물이 튀어도 몸이 안 뜨겁도록 특수한 살갗으로 만들어 줍니다.

상상과 공상 그림 그리기

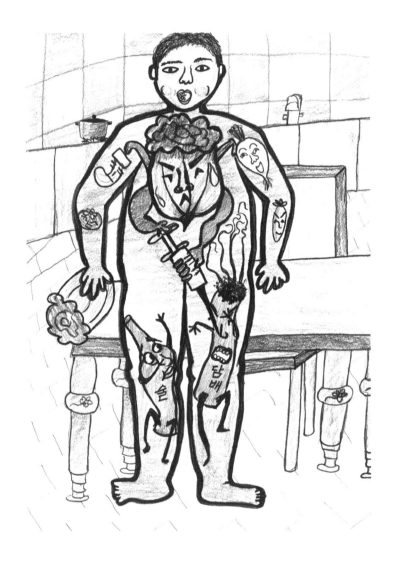

우리 아빠 몸속

대구 동호초등학교 4학년 최지현, 2010년 11월 5일

우리 아빠는 요즘에 채소를 많이 먹고 있습니다.
그러니 지금 아빠의 몸속에서는 채소가 담배와 술을 몰아내기 위해 열심히 싸우고 있을 것입니다.
채소들은 아빠 몸속에 들어오면서 "얘들아, 담배와 술을 물리치자!" 하고 아주 크게 소리를 지릅니다. 그렇지만 담배와 술도 만만찮습니다.
"우리 자리를 지켜 지현이 아빠의 몸을 병들게 만들자!" 하면서 춤추고 난리입니다. 과연 누가 이길까요?

상상과 공상 그림 그리기

환경이 사람을 조종하다
대구 동호초등학교 4학년 전서영, 2010년 11월 5일

어느 날이었다. 내가 좀 이상했다.
"어? 내가 지금 뭐 하고 있지? 내가 지금 쓰레기를 분리해서 버리고 있어! 조금 전만 해도 나는 숙제를 하고 있었는데……."
다른 사람들도 이상해졌다. 떨어진 쓰레기를 줍는다. 마구 쓰던 물도 아껴 쓴다. 전기도 아껴 쓴다.
사람들은 모두 저절로 몸이 움직여져서 이상하다고 했다. 알고 보니 환경이 어느 순간부터 사람들을 조종하고 있었던 것이다.

상상과 공상 그림 그리기

도깨비 파티에 도둑이
대구 동호초등학교 4학년 최다예, 2010년 11월 18일

도깨비들끼리 모여 파티를 벌였다. 그런데 그 틈을 타 사람들이 도깨비들이 모아 놓은 돈이나 보석들을 훔치려고 들어갔다.
"깨끗한 도깨비 세상에 감히 더러운 사람이 들어와? 잡아라!"
한 여자 도깨비가 사람을 잡아서 들고 대장한테 간다. 사람들은 징징 울었다.
"애들은 보내 주자. 어른이 문제지. 어른이 나쁜 모습을 보이니까 애들도 그렇지."

상상과 공상 그림 그리기

청룡이 아파트를 공격했다

대구 동호초등학교 4학년 오채민, 2010년 10월 27일

평화롭던 우방 아파트 203동 주민들이 깜짝 놀랐습니다. 청룡이 아파트를 휘감더니 뿌리째 뽑아 하늘로 올라갔기 때문입니다.
청룡은 한국에 아파트가 너무 많아 살 수가 없다고 그러는 것입니다. 출동한 경찰과 군인 아저씨들이 총으로 공격을 하자 화가 잔뜩 난
청룡은 아파트를 감아서 들었습니다. 그러고는 높은 하늘로 막 올라갔습니다. "캬아아아악! 캬아아악!" 불을 뿜으면서 막 올라갔습니다.
청룡은 한참을 그러더니 이제는 사람들이 자꾸 아파트를 안 짓겠지 하고는 아파트를 제자리에 놓고 하늘로 올라갔습니다.

상상과 공상 그림 그리기

상상 동물

경북 경산 성암초등학교 4학년 김정은

상상과 공상 그림 그리기

상상 동물

경북 경산 성암초등학교 4학년 신재훈

3. 이야기 그림 그리기

책을 읽으면 마음의 양식을 얻습니다. 얻은 양식을 잘 갈무리하고 내 마음속에 좀 더 또렷이 새기려면 책을 읽은 뒤 이어지는 활동이 있으면 좋겠지요. 독서 감상문 쓰기나 독서 감상화 그리기, 그림극이나 그림자극 해 보기, 극화 해 보기, 독서 토론 같은 것이 그것입니다.

이 가운데 여기서 이야기하려는 것은 아이들이 즐겁게 할 수 있는 '이야기 그림 그리기'입니다.

이야기의 한 장면을 그림으로 그리기

아이들한테 '이야기 그림'을 그리라고 하면 흔히 책에 실려 있는 삽화를 그대로 베껴 그리거나 비슷하게 그리는 경우가 많은데 그러면 그림을 그려 보는 의미가 없습니다. '이야기 그림'을 그리게 할 때는 책 속에 담긴 그림을 가리고 글만 읽게 하는 게 좋습니다.

'이야기 그림'을 그리려면 먼저 책을 읽고 글에 담긴 중심 생각이 무엇인지를 또렷이 이해하도록 해야 합니다. 흔히 아이들은 이야기의 한 부분을 중심 생각이 들어 있는 알맹이로 볼 때가 많습니다. 따라서 글쓴이가 읽는 사람에게 무엇을 주려고 하는지 생각해 보는 시간을 갖도록 해야 합니다.

그다음은 무엇을 그릴 것인가 생각해 봅니다. 중심 생각을 담은 내용으로 그릴 것인지, 아니면 겉으로 드러난 이야기 줄거리 가운데 특별히 마음에 남는 한 장면을 그릴 것인지 정하는 것이지요.

그릴 것을 정했으면 머릿속으로 그려 봅니다. 먼저 전체 장면을 구상하고, 그다음은 장면에 나오는 인물이나 사물의 생김새를 구체로 만들어야 할 것입니다. 옛이야기나 현실에 있을 법하지 않은 이야기를 그리려면 지금까지 내가 보고 듣고 겪은 지식을 바탕으로 상상해서 만들어 내기도 해야겠지요. 처음부터 또렷이 어떤 형상이 잡히지 않을 때는 연습장에 이렇게 저렇게 밑그림을 그려 보면서 생각을 더 보태도록 합니다.

머릿속 그림 그리기를 얼추 끝내면 실제 화면에 그립니다. 그리면서 생각을 좀 더 자세하게 보태어 가며 그림을 완성합니다.

글의 장면을 네 장면으로 나누어 그려 볼 수도 있습니다. 그린 그림을 이어 놓고 보면 이야기 내용을 한눈에 볼 수 있도록 말입니다. 이야기 하나를 네 사람이 읽고 저마다 한 장면씩 그려서 이어 놓고 감상해 보는 것도 좋겠지요.

여러 가지 이야기 그림 그리기 지도법

이야기를 줄거리에 따라 여러 장면을 잡아 그려서 아예 그림극으로 만들어 보는 것도 재미있습니다. 그림극을 하려면 그림에 이야기의 줄거리가 잘 서도록 주된 장면을 잡아 그린 뒤, 그림 뒷면에 다음 장면 내용을 간추려 적습니다. 앞 장면 그림을 빼어 그림극 틀 가장 뒤에 끼우고, 그 뒷면에 써 놓은 내용을 실감 나게 읽으며 그다음 그림을 보여 줍니다. 보통 열다섯 장면에서 스무 장면 정도를 그리면 좋지 않을까 싶네요.

또 재미있는 방법은 이야기를 바탕으로 그림책을 만들어 보는 것입니다. 그림극 그리는 것과 비슷하지만 그려 낸 그림 장면에 글 내용까지 간추려 쓰는 것이 조금 다르다고 하겠습니다.

아이들이 읽는 글은 지어낸 이야기뿐만 아니라 시나 그 밖에도 여러 가지 종류의 글이 있지요. 시 그림은 그림을 그리고 시를 적어 넣을 수도 있고 그림으로만 나타내는 방법도 있습니다. 시화로 할 때는 시 내용을 돋보이게 하는 정도로만 그림을 그리는 게 좋습니다.

그다음은 옛이야기나 어린 시절 이야기를 읽고 그림을 그리는 것입니다. 이 그림을 그릴 때는 이야기 배경이 된 그 시절 사람들 옷차림이나 쓰는 물건들의 생김새, 생활 방식 같은 관련 자료를 찾아보고 잘 살려 그려야 합니다.

또 아이들한테 더 깊은 깨우침을 주려고 쓴 《24가지 생각》(이호철)이나 《잘 배우는 길》(주중식), 《똥 누고 학교 갈까, 학교 가서 똥 눌까?》(윤태규) 같은 책에 나오는 글들을 읽고도 그림을 그릴 수 있습니다. 이를테면 이런 글입니다.

정말 싸우는 가장 큰 까닭은 사람의 마음에 사랑이 없기 때문이 아닐까 싶다. 사랑 가운데도 나보다 힘 약한 사람, 나보다 가난한 사람, 보잘것없는 것, 아무도 잘 돌아보지 않는 것들을 따뜻하게 감싸 안아 줄 수 있는 끝없는 사랑 말이다. 자신의 마음을 평온하게 해 주기도 하지만 온 세상을 평화의 동산으로 만들 수 있는 부드럽고 따뜻하면서도 강한 힘을 가지고 있는 것이 사랑이다.

《24가지 생각》 가운데

이런 글을 그림으로 그릴 때는 실제 장면을 그릴 수도 있겠지만 뜻을 나타내는 그림을 그리는 것도 좋습니다. 또 자기가 쓴 글이나 또래 아이들이 쓴 글을 읽고 그림을 그려 보는 것도 좋겠지요.

다른 재미있는 방법도 있습니다. 먼저 이야기의 바탕 그림을 아주 큰 화면에 그립니다. 그다음엔 그 이야기에 나오는 중요 장면을 여러 아이가 한 장면씩 그리고, 그린 것을 오려서 큰 바탕 그림 속에 잘 배열해서 붙여 보면 어떨까요? 그러면 한눈에, 그리고 한번에 글 내용을 잘 이해할 수 있겠지요.

다른 사람한테 이야기를 듣고 그려 보아도 좋겠습니다. 줄거리가 있는 이야기를 듣거나 사람들이 나누는 말을 듣고 그림으로 그려 보는 것이지요.

'이야기 그림'을 그린 뒤, 이야기를 읽고 느낀 것을 글로 쓰거나 이야기 주인공한테 짤막한 편지를 써 보게 합니다. 감동을 주는 내용 한 장면을 그대로 옮겨 적기도 하고, 주인공이나 나오는 사람이 주고받는 말 가운데 감동받은 말을 그대로 가져와 적어 보는 것도 좋겠지요.

'이야기 그림'은 글을 도와주는 그림 정도로 생각하고 그리는 것이 아닙니다. 그림 한 장면으로도 글을 읽는 것 못지않게 이야기를 실감나게 표현한다는 마음으로 그림을 그리도록 해야 합니다.

이야기 그림 그리기

돈도깨비 이야기

대구 동호초등학교 4학년 김민규, 2010년

옛날 한 가난한 집이 있었는데 불이 나서 산골 한 빈집에서 살게 되었다. 그런데 밤마다 도깨비가 와서 시끄럽게 굴어서 살 수가 없었다. 그래서 식구들이 이 도깨비들을 혼내 주려고 도깨비 옷에 실을 길게 꿴 바늘을 꽂아 놓았다. 새벽이 되어 도깨비 옷에 꿴 실을 따라가 보니까 집 뒤에 있는 사당으로 가 있었다. 거기에 궤짝이 있었는데 그 속에 돈이 가득 들어 있어서 그 돈으로 자기도 쓰고 가난한 사람도 도와주며 잘살았다는 이야기다. 나도 그런 돈도깨비가 나타나면 좋겠다.

이야기 그림 그리기

쇠 먹는 불가사리
대구 동호초등학교 4학년 최지현, 2010년 12월 13일

나는 '쇠를 먹는 불가사리'라는 옛이야기를 한 편 읽고 그림을 그렸다. 옛날에 착한 부부가 살았는데 그 부부가 임금한테 쫓기는 중을 숨겨 주었다.
그런데 그 밥풀이 살아 움직이며 온 동네, 온 나라의 쇠를 무조건 먹어 치우면서 코끼리만 하게 되었다.
군대가 아무리 활을 쏘면서 공격을 해도 끄떡하지 않았다. 한날 중이 그 착한 부부에게 "다른 방법은 없고 꼬리에다 불을 붙이면 됩니다." 하고 말했다.
그 착한 부부는 꼬리에다 불을 붙여 그 괴물은 타 버리면서 먹었던 쇠를 모두 뱉었다.

이야기 그림 그리기

《문제아》를 읽고

대구 동호초등학교 4학년 전서영, 2010년 12월 15일

창수는 나쁜 아이가 아니다. 주위에서 자꾸 문제아라 해서 그만 문제아가 된 것이다. 내가 보기에 문제아는 바로 주위 사람들인 것 같다. 나는 이야기 끝에 나오는 이 글이 가장 마음에 남는다.

'나는 나를 문제아로 보는 사람한테 영원히 문제아로만 있게 될 것이다. 아무도 그걸 모른다. 내가 왜 문제아가 되었는지, 나를 보통 아이들처럼 대해 주면 나도 아주 평범한 애라는 걸 아는 사람이 아무도 없다. 딱 한 명 있다. 봉수 형이다.'

이야기 그림 그리기

《범 아이》'딸랑새'를 읽고
대구 동호초등학교 4학년 안혜빈, 2010년 12월 22일

옛날에 소금장수가 호랑이를 만났다. 잡아먹힐 뻔했는데, 소금장수가 꾀를 내어 호랑이 허리에 방울을 묶어 놓고 딸랑새가 나왔다고 했다. 그러니까 호랑이는 딸랑새가 자기한테 붙은 줄 알고 죽으라고 달리 뺐다. 나는 여기서 너무너무 우스웠다. 무서운 호랑이가 바보같이 방울 소리도 모르고 똥이 빠지라고 달리 빼니까. 가만히 있었으면 소금장수는 호랑이에게 잡아먹힐 수도 있었는데 오히려 호랑이가 달아나도록 만들었으니까 참 지혜롭다고 본다. 나는 그런 상황이 닥치면 그런 지혜가 나올까 모르겠다.

이야기 그림 그리기

'할머니와 검둥이'를 읽고
대구 동호초등학교 4학년 이민희, 2010년 12월 26일

나는 《아버지의 바다》에서 '할머니와 검둥이'라는 동화가 내 마음에 남았습니다. 할머니와 검둥이는 둘이만 삽니다.
할머니 남편과 아들 모두 일본군에 끌려가 죽고 검둥이를 데리고 외롭게, 검둥이를 정성껏 보살피며 한 가족처럼 삽니다.
일본 사람에게 붙었던 최 노인이랑 영감이 또 할머니도 괴롭힙니다. 할머니와 사는 검둥이가 논에 들어갔다고 최 노인이 몽둥이로 두들겨 패서
고막까지 터지게 만들었습니다. 너무너무 슬픕니다. 최 노인이라는 영감은 너무 나쁩니다.

이야기 그림 그리기

흑구를 구하기 위해 냇물에 뛰어든 영구
대구 동호초등학교 4학년 최지현, 2010년 12월 30일

이금이 동화집 《영구랑 흑구랑》 가운데 '영구랑 흑구랑'이라는 이야기다.
영구는 흑구라는 염소를 키우고 있다. 영구가 처음에 흑구를 가지게 된 건 지난해 몇 십 해 만에 홍수가 일어났을 때다. 황토 냇물에
온갖 것이 떠내려오는데 염소 흑구까지 떠내려온 것이다. 영구는 누가 말릴 새도 없이 흑구를 구하기 위해 물로 뛰어든다.
나는 이 동화에서 흑구를 건지려고 그 위험한 냇물에 풍덩 뛰어드는 영구의 행동에 감동을 받았다.

4. 음악 듣고 그리기

사람마다 좋아하는 음악이 다르지요. 나는 여러 가지 음악 가운데 고전음악을 좋아합니다. 다른 음악은 여러 번 들으면 좀 싫증 나기도 하는데 고전음악은 다시 들어도 싫증이 안 나기 때문입니다. 고전음악은 수백 년 전 유럽에서 만들어졌기 때문에 그 시대 배경이나 분위기, 작곡가, 악기, 음악 형식 같은 것들을 잘 이해하고 들으면 더욱 깊이 즐길 수 있다고 합니다.

하지만 나는 그런 지식 없이 들을 때가 더 많습니다. 듣기 전에 그 음악을 너무 알아 버리면 편견을 가지게 되어 오히려 그 음악을 바르게 느낄 수 없기 때문이지요.

처음엔 '이 음악은 마음을 차분하게 만들어 주어서 참 좋다.', '기분을 맑고 밝게 만드는 음악이군.', '이 음악은 진지해지고 사람의 마음을 빨아들이는 무엇이 느껴지는군.' 이 정도로 느끼고 조금씩 깊이 다가가는 것도 좋을 것입니다.

내가 음악을 좋아하니까 아이들한테 자주 들려주기도 했습니다. 어느 해에는 거의 하루도 거르지 않고 음악을 들려주기도 했지요. 음악 감상으로 아이들의 마음이 안정되고 아름다워진다는 것을 잘 알게 되었습니다.

음악 듣고 떠오른 장면을 그림으로 표현하기

아이들에게 여러 가지 방법으로 그림 그리기를 가르치면서 음악을 그림으로 나타내 보면 어떨까 생각했습니다. 소리를 눈으로 볼 수 있게 그린다는 말이지요. 이렇게 해 보았습니다.

먼저 곡 제목은 가르쳐 주지 않고 조용히 음악을 들도록 합니다. 아이들이 음악을 많이 감상해 보지 않았다면 처음엔 짧은 음악이 좋습니다. '엘리제를 위하여', 'G선상의 아리아', '이별의 왈츠', '피아노 소나타 월광', '아름답고 푸른 도나우', '교향곡 제9번 신세계로부터', '헝가리 무곡 제5번', '비인 숲속의 이야기', '슈베르트 세레나데' 같은 곡 말이지요.

편안한 마음으로 음악을 듣다 보면 별생각 없이 듣고 넘기기 쉬우니까 한 번 더 들려주면서 떠오르는 장면을 머릿속에 그려 보게 합니다. 음악 감상을 많이 해 본 아이들은 모르겠지만 그렇지 않은 아이들은 눈을 지그시 감고 감상하게 하는 것이 좋습니다. 눈을 뜨고 감상하면 다른 사물들이 눈에 들어와 음악에 깊이 빠져들지 못할 수도 있기 때문이지요.

그다음에는 음악 들을 때 머릿속으로 이것저것 그려 보았던 여러 장면 가운데 마음에 또렷이 남은 장면 하나를 골라 머릿속으로 다시 자세하게 그려 봅니다. 처음에는 연습장에 어느 정도 틀을 잡아 보고 화면에 그립니다. 그림 그릴 때 다시 한 번 더 음악을 들으면서 감정을 살려 섬세하게 나타냅니다.

생활하는 가운데 한 장면을 그릴 수도 있겠고, 실제 생활 속에는 없지만 마음속으로 그리는 생활 장면을 그릴 수도 있을 것입니다. 또 아이들 가운데는 그 음악을 듣고 떠오르는 생각이나 느낌을 추상으로 나타내는 아이도 있을 테고, 음악을 들을 때 일어나는 흥취를 갖가지 모양과 색으로 나타내는 아이도 있을 것입니다.

생각이나 느낌, 상상, 감정을 그림으로 나타낼 때는 색깔이 매우 중요하니까 이렇게 음악이나 소리를 그릴 때는 더욱 자유롭게 색칠하도록 지도합니다.

나는 먼저 고전음악을 감상하고 그림을 그리게 해 보았지만, 우리 음악은 말할 것 없고 다른 나라의 여러 가지 음악을 그림으로 그려 볼 수도 있겠지요.

음악에 자기 나름대로 이야기 줄거리를 넣어서 여러 장면으로 그려 보는 것도 재미있겠고, 음악을 들으면서 그냥 선으로만 나타내 보는 것도 좋습니다. 선으로 나타내는 것은 그때 느낀 감정에 따라 손 움직임의 빠르기를 달리하기도 하고, 거칠게 그리다 부드럽게 그리기도 하지요.

그림을 다 그린 뒤에는 그 음악의 제목을 알려 주고, 그 음악에 얽힌 이야기를 해 주어서 자기 생각과 느낌을 견주어 보게 할 수도 있습니다.

'강아지 왈츠'를 보기로 들겠습니다.

'강아지 왈츠'는 쇼팽이 1847년에 완성한 곡입니다. 이 '강아지 왈츠'란 곡에는 다음과 같은 이야기가 전해 온다고 해요. 쇼팽이 프랑스 소설가 조르주 상드와 함께 지내던 시절, 상드는 강아지 한 마리를 기르고 있었습니다. 어느 날 이 강아지가 제 꼬리를 보며 빙글빙글 돌았지요. 상드가 그 모습이 너무나 귀여워 쇼팽한테 이것을 음악으로 만들면 어떻겠냐고 제안했습니다. 쇼팽은 바로 경쾌한 왈츠를 작곡했는데 이것이 '강아지 왈츠'입니다.

이런 설명을 하지 않고 이 음악을 감상한 뒤 바로 그림을 그리게 했더니 4학년 장윤정은 물고기가 물속에서 노니는 모습(132쪽)을 그렸습니다. 윤정이의 글을 보면 강아지가 아닌 물고기를 그린 까닭을 잘 알 수 있습니다.

합주가 아닌, 한 가지 악기로 연주하는 음악을 들려주고 그림을 그려 보게 하는 것도 좋습니다. 악기마다 음색이 달라 새롭게 느껴질 테니까요.

소리를 그림으로 나타내기

음악이 아닌 다른 소리를 듣고 그림으로 나타내 보는 것도 재미있을 것입니다. 이를테면 바람 소리, 비 오는 소리, 물 흐르는 소리, 나뭇잎이 서로 부딪히는 소리, 갈대들이 바람에 서걱대는 소리 같은 자연의 소리와 문 여는 소리, 무엇이 부딪치는 소리, 무엇을 끄는 소리 같은 인공으로 내는 소리 말입니다.

사람 목소리, 돼지 소리, 소 울음소리, 개구리 소리, 오리 소리, 닭소리, 개 짖는 소리, 새가 지저귀는 소리 같은 것도 좋겠네요.

소리를 눈으로 볼 수 있도록 그린다는 것, 참 재미있겠지요?

음악 듣고 그리기

'강아지 왈츠'를 듣고
대구 동호초등학교 4학년 장윤정, 2010년 12월 17일

나는 6번 음악을 듣고 갑자기 떠오른 게 뭔가 빠르게 움직이는 걸 표현해야겠다는 것이다. 이 곡은 활발하고 빠르기 때문이다.
눈을 감고 가만히 듣고 있으니 물고기가 움직이는 것이 떠올랐다. 물고기가 요리조리 아주 빠르고 활발하게 움직이다 느리게 움직이기도 하고,
무엇이 잡으러 가니까 요리 피하고 조리 피하며 달아나기도 했다. 그리고 먹이를 주면 꼬리를 살레살레 흔들며 쪼르르 가다가 휙 돌아서
어디론가 갑자기 사라졌다가 살랑살랑 춤추며 나오기도 하는 것 같다. 그러다 또 갑자기 마구 빠르게 어디론가 가 버리는 것 같다.

음악 듣고 그리기

'강아지 왈츠'을 듣고

대구 동호초등학교 4학년 장윤정, 2010년 12월 20일

밝고, 경쾌하고, 카리스마가 느껴지면서 따끔한 느낌이 나는 그림을 그려 보았다.

음악 듣고 그리기

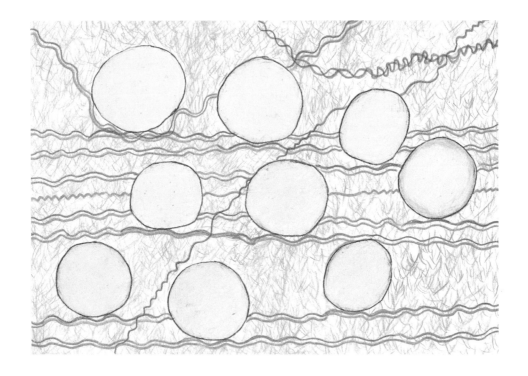

'이별의 왈츠'
대구 동호초등학교 4학년 김지민, 2010년 12월 20일

음악 듣고 그리기

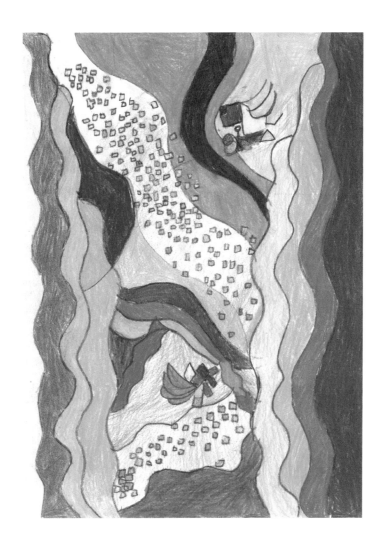

'이별의 왈츠'를 듣고

대구 동호초등학교 4학년 김민규, 2010년 12월 20일

이 곡은 좀 차분한 느낌을 준다. 내가 그린 그림의 가운데 부분은 피아노를 연주하는 소리를 느낌으로 나타내었다.
피아노 소리는 아주 작은 알맹이들이 돌돌 굴러가는 것 같은 느낌이었다.
양쪽 가에 부드러운 곡선은 바이올린 같은 악기의 연주로 좀 부드럽고 매끄러운 느낌을 나타냈다.
전체로 보면 좀 경쾌하게 느껴지기는 하는데 아주 밝은 느낌을 주지는 않는 것 같다.

음악 듣고 그리기

'아름답고 푸른 도나우'를 듣고
대구 동호초등학교 4학년 최다예, 2010년 12월 20일

음악 듣고 그리기

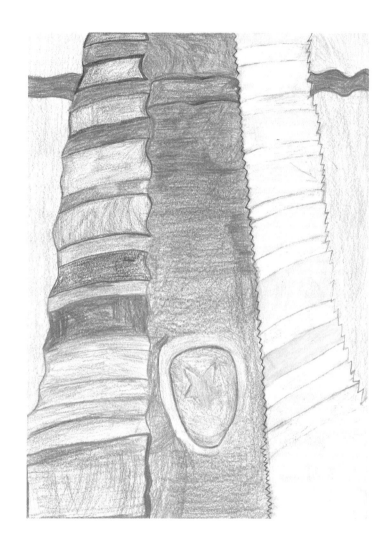

'아름답고 푸른 도나우'를 듣고
대구 동호초등학교 4학년 오채민, 2010년 12월 21일

음악 듣고 그리기

'엘리제를 위하여'를 듣고
대구 동호초등학교 4학년 이민희, 2010년 12월 20일

이 곡은 피아노곡이다. 처음에는 조금 빠르고 조금 급하고 불안한 느낌이 나다가 가운데 부분으로 들어갈수록 안정이 된다.
전체 음의 흐름은 구슬이나 어떤 물체가 바닥에 이리로 굴러갔다 저리로 굴러갔다 하는 소리 같다.
어떤 곳에서는 굴러가던 구슬이 갑자기 멈추거나 팔짝 뛰는 느낌이 들기도 한다. 끝부분에는 좀 더 부드러워지고 흐름이 좀 더 느려진다.
나는 피아노 음이 토르르 굴러가는 듯한 느낌과 오르락내리락하는 음악의 흐름을 그림으로 나타내었다.

음악 듣고 그리기

'피아노 소나타 월광'을 듣고

대구 동호초등학교 4학년 전서영, 2010년

처음엔 분위기가 조금 고요하다. 점점 느려졌다가 빨라졌다가를 되풀이한다. 또 전체 음이 낮고 조금 느려 감상하는 동안에는
눈이 스르르 감기기도 했다. 단조 화음이 있는 것 같다. 조금 어둡고 무겁게 시작하다 점점 덜 어둡고 덜 무거워지면서
조금 밝고 경쾌한 부분이 나왔다가 다시 점점 어두워지고 무거워진다. 점점 어두워지고 무거워질 때는
어떤 거인이 천천히 나에게 다가오는 무서운 느낌도 좀 들었다. 마지막 부분은 웅장하더니 '빠아아앙!' 하고 끝난다.

3장

다른 발상으로
그리기

1. 사물을 단순화해 그리기

삶이 아주 복잡해지면서 우리 머릿속도 복잡해졌습니다. 일상에서 일어나는 조그만 일에서부터 세상에서 벌어지는 큰일들까지 너무 많이 담겨 있어서 머리가 지끈지끈 아플 정도입니다. 그 복잡함 속에 빠져들다 보면 엉뚱한 일에 힘을 다 빼 버리기도 합니다. 그래서 우리에게 필요 없는 것들은 받아들이지 말아야 하고, 제 뜻이 아닌 것이 받아들여졌다면 버리기를 잘해야 합니다.

필요 없는 것을 버린다는 건 복잡한 내 머릿속을 단순하게 만드는 것입니다. 그래야 쓸데없는 곳으로 가는 힘이 꼭 쓸 곳으로 충전되어 제 할 일을 잘해 나가지 않겠습니까.

하지만 필요 없는 것을 버리는 것도 쉽지는 않습니다. 이것도 꼭 필요할 것 같고 저것도 꼭 필요할 것 같으니까요. 필요 없는 것들을 버리려다 꼭 담아 두어야 할 것을 버리게 되기도 하니, 버리는 것도 잘 가려서 버려야 합니다.

또 한 가지, '어려운 문제'란 문제를 풀어 나갈 수 있는 길이 얽히고설켜 방해받는 것들이 많은 것 아닐까요? 어려운 문제를 풀려면 필요 없는 것은 없애 버리고 얽히고설킨 것은 가지런히 하고 단순화해야 합니다.

사물 모습을 단순화하기

우리가 눈으로 보는 사물도 참 복잡합니다. 그래서 늘 엉뚱한 것이 눈에 더 많이 들어와 혼란스럽습니다. 엉뚱한 것들이 자리를 차지하면 사물이 지닌 참모습을 찾기가 어렵습니다. 화가는 복잡한 사물을 단순화해서 참모습을 잘 보여 주는 사람이라 해도 틀린 말은 아닙니다.

사물의 모습을 단순화한다는 것은 무엇을 어떻게 한다는 걸까요? 몇 가지로 나누어 생각해 보니 이렇습니다.

첫째, 여러 가지인 것을 몇 가지로 줄이는 것.

둘째, 복잡하게 얽혀 있는 것을 풀거나, 굽은 것들을 직선에 가깝게 펴는 것.

셋째, 강조하고 싶은 것을 또렷이 나타내고 강조하고 싶지 않은 것은 흐릿하게 하는 것.

넷째, 여러 가지 모양을 단순한 세모나 네모, 원 형태에 가깝게 하는 것.

다섯째, 묻혀 있는 특징을 찾아내어 또렷이 해 주는 것.

여섯째, 작은 것을 크게 확대하거나, 큰 것을 작게 축소하는 것.

그 밖에도 여러 가지가 있겠지요.

사물을 단순화해 그리는 여러 가지 방법

우리 눈에 보이는 사물을 단순화해서 그리는 방법에는 어떤 것들이 있을까요?

먼저 선을 단순화하는 것이 있습니다. 이를테면 겨울나무 나뭇가지를 그린다고 할 때 그 수많은 가지를 다 나타낼 수는 없습니다. 그래서 가짓수를 줄여서 나타내어야 합니다. 또 나뭇가지가 복잡하게 얽혀 있어도 뻗어 있는 어떤 질서가 있을 테니 그것을 잘 찾아서 또렷이 나타내어야 하지요. 솔잎이나 물가에 나는 부들이나 골풀, 송이고랭이 같은 풀도 단순하게 나타낼 때는 질서를 찾아 가짓수를 줄입니다. 그리고 모습이 뚜렷하지 않은 연기, 물이 끓을 때 나오는 김, 난로 열기, 봄에 피어오르는 아지랑이, 물안개 같은 것을 선 몇 개로 나타내는 것도 선을 단순화하는 것이지요.

다음은 모양(형태)을 단순화하는 것입니다. 이를테면 얼굴 모양을 단순화해서 나타낸다고 할 때 세모나 네모에 가까운 형태, 원형에 가까운 형태로 나타낸다든지, 볼살이 많은 사람은 아래쪽으로 넓은 세모꼴이나 사다리꼴 형태로 나타내는 것입니다. 그리고 캐릭터나 캐리커처처럼 모양이나 표정에 드러나는 특징을 강조해서 나타내는 것도 한 방법이겠지요.

구조를 단순화하는 방법이 있습니다. 자질구레한 것을 없애고 대표되는 것만 간단하게 나타내는 것입니다. 이를테면 들이나 숲, 도시에서 볼 수 있는 많은 건물, 자전거나 차처럼 구조가 복잡한 어떤 기계 같은 것을 간단하게 표현할 때 쓰면 좋겠지요.

또 빛이나 색깔을 단순화하는 방법이 있습니다. 우리 둘레 사물들 색깔은 헤아릴 수 없을 만큼 여러 가지입니다. 그 수많은 색깔 가운데 크게 구분하여 몇 가지 색깔로만 나타내는 것입니다.

한 가지 더 말하자면 배경을 단순화하는 방법도 있습니다. 어떤 하나를 돋보이게 하려고 할 때 배경을 여백으로 둔다든지 되풀이되는 형태나 정형화된 형태로 배경을 간결하게 나타내는 것이지요. 그 밖에도 여러 가지 방법이 있을 것입니다.

아이들에게 사물을 단순화해서 그리게 할 때는 이런저런 설명을 한꺼번에 하기보다는 앞에서 말한 방법들을 한 가지씩 실제로 해 보면서 설명한 다음 그리게 하는 것이 더 좋습니다. 이를테면 복잡한 나뭇가지를 단순화해서 그려 보이거나 머리가 긴 여자아이 머리 부분을 그릴 때 머리카락을 선 몇 개로 단순화해서 그려 보이는 겁니다.

그리고 연기를 선 몇 가닥으로 그려 보이는 것도 방법입니다. 또 도시의 빌딩 숲을 여러 가지 네모 형태로 나타내게 할 수도 있겠고요.

색깔을 단순화할 때는 몇 가지 색깔을 정해 주고 나타내도록 지도해 봅니다. 지도 방법은 찾아보면 많이 있습니다. 나는 선, 모양, 구조, 색, 배경을 단순하게 하는 방법을 모두 다 써서 아이들이 그리도록 해 보았습니다.

사물을 단순화해서 그리다 보면 사물이 지닌 참모습이나 단순함에서 느껴지는 아름다움을 찾을 수도 있고, '아름다운 무늬 그리기'나 디자인의 기초 공부도 될 것입니다.

사물을 단순화해 그리기

과일

경북 경산 성암초등학교 6학년 권향금, 2004년

사물을 단순화해 그리기

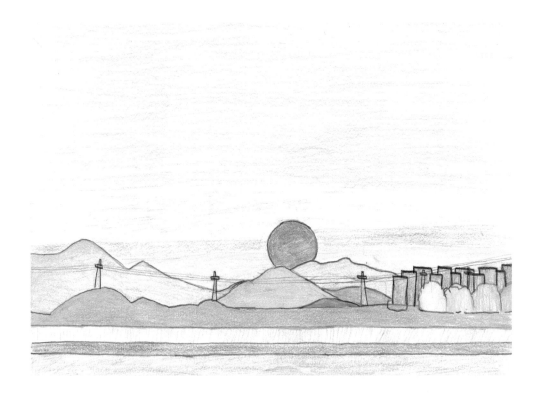

해
대구 동호초등학교 4학년 진흥림, 2010년

사물을 단순화해 그리기

창가의 화분과 식물
대구 동호초등학교 4학년 김예진, 2010년 10월 31일

사물을 단순화해 그리기

창가의 화분

경북 청도 문명분교 4학년 박남영, 2001년

사물을 단순화해 그리기

향나무

대구 동호초등학교 4학년 이민희, 2010년

사물을 단순화해 그리기

바닷가

대구 동호초등학교 4학년 최은영, 2011년 2월 14일

사물을 단순화해 그리기

어항 속의 물고기

경북 청도 문명분교 4학년 박주용, 2001년

2. 엉뚱하게 그리기

'엉뚱하다'는 말은 '말이나 행동이 분수에 넘치거나 맞지 않다'는 뜻이거나 '흔히 겪거나 짐작하는 것과 다르다'는 뜻입니다. 우리가 생활할 때는 더 여러 가지 뜻으로 쓰이지요.

나쁜 뜻으로는 질서를 매우 어지럽히는 사람을 보고 엉뚱한 사람이라고 하기도 합니다. 개구쟁이를 엉뚱한 아이라고도 하는데 이는 지나치게 짓궂은 장난을 하는 아이지만 귀엽다는 뜻이 배어 있기도 하지요. 어떤 결과를 놓고 엉뚱하다고 할 때는 원하던 것과 아주 다르거나 아주 쓸모없다든지 형편없다는 뜻을 나타내기도 합니다.

내가 말하려는 '엉뚱하다'는 말에는 널리 받아들여지는 생각과는 아주 다른 생각, 뜻밖의 생각, 지금은 이치에 안 맞고 쓸모없을지는 몰라도 앞으로 새로운 생각을 이끌어 내는 바탕이 될 수 있다는 뜻이 담겨 있습니다.

틀에 얽매이지 않은 생각을 이끌어 내기

아이들한테 엉뚱하게 그리라고 하면 처음에는 어떻게 그려야 할지 잘 모릅니다. 일탈이라고도 할 수 있는 생각이나 행동이니 어떻게 해야 할지 잘 모르는 것도 이해가 갑니다. 아이들은 늘 조직이나 규범에 묶이고, 틀에 박힌 형식에 얽매여 살기 때문에 익숙한 생활에서 벗어난 생각이나 행동을 하기가 쉽지 않겠지요. 그렇지만 때로는 얽매인 틀에서 좀 벗어난 생각이나 행동도 해 보아야 새로운 것을 창조해 낼 수 있답니다.

아이들에게는 '엉뚱하게 그리기'에 대한 보기를 여러 가지로 많이 들어 주어야 쉽게 이해할 수 있습니다.

첫째, 크기를 바꾸어 그리는 방법입니다. 먼저 한 개체를 그릴 때 작은 것은 크게 큰 것은 작게, 또는 긴 것은 짧게 짧은 것은 길게 그려 봅니다. 이를테면 사람 몸을 그릴 때 머리나 팔다리, 눈이나 귀 같은 부분을 아주 크거나 아주 길게, 또는 홀쭉하거나 뚱뚱하게 그리는 것입니다.

서로 다른 개체끼리 견주어 그릴 수도 있습니다. 그러니까 개미와 코끼리를 그릴 때 개미를 아주 크게, 코끼리는 아주 작게 그리는 것이지요. 아주 큰 개미에게 혼날까 봐 쩔쩔매는 조그만 코끼리의 모습을 상상해 보는 겁니다. 또 컵에 담긴 물속에서 사람이 헤엄치는 모습도 그릴 수 있겠습니다.

둘째, 위치나 처지를 바꾸어 그리는 방법입니다. 한 개체 그리기를 보기로 들면, 사람의 눈을 가슴이나 손가락 끝에 붙이거나 다리를 어깨에 붙여서 그리는 것입니다. 다른 개체끼리는 사람이 우리에 갇히고, 동물은 우리 밖에서 우리에 갇힌 사람을 구경하는 모습을 그려 봅니다.

또 바다와 육지를 바꾸어 육지나 하늘에 물고기가 돌아다니고 바닷속에 사람이 살아가는 모습, 숲에 사는 동물이 도시에 사는 모습, 동물이 사람 같은 행동을 하고 사람이 동물 같은 행동을 하는 모습도 그릴 수 있겠지요.

셋째, 어떤 자리에 본디 없었던 아주 낯선 것을 그려 넣을 수도 있습니다. 이를테면 사람 머리카락이나 동물 털 대신에 풀이나 나무를 그린다든지, 사람 몸에 동물 머리를 그려 넣는다든지, 사람 배 속이나 몸 어느 한쪽에 기계를 그려 넣는다든지, 발 대신에 나무뿌리를 그린다든지, 동물 다리 대신에 바퀴를 그려 넣는다든지, 나뭇가지에 어떤 동물이나 물건을 그려 넣는다든지 하는 것입니다.

넷째, 잘라 없애거나 덧붙여 그리는 방법도 있습니다. 어떤 동물을 그릴 때 다리를 본디 가진 것보다 더 많이 그려 넣거나 더 줄여서 그린다든지, 머리를 여러 개 그려 넣는다든지, 눈을 아주 많이 그려 넣거나 아예 없앤다든지 하는 것입니다.

다섯째, 본디 모양과 좀 다르게 그려 볼 수도 있습니다. 본디 모양을 비틀거나 잘라서 어긋나게 붙여 보는 거지요. 동물 머리 모양을 세모나 네모로 그린다든지, 다리를 기둥 모양으로 그리거나, 딱딱하고 곧은 쇠붙이나 물건을 흐물흐

물하게 늘어진 것처럼 그릴 수 있습니다.

초현실주의 화가 살바도르 달리 작품 가운데 흘늘거리는 시계가 있는 그림 〈기억의 지속〉이 떠오릅니다. 이 그림은 물체가 본디 가진 모양을 비틀어서 그린 그림들 가운데 하나라고 봅니다. 사람들이 이 그림을 보고 어떻게 느꼈는지 모르겠지만 나는 그냥 시간에 대한 어두운 그림자를 보는 듯했습니다. 그런데 달리는 '수수께끼 같은 의미와 무의식에서 나오는 그 내용을 나도 알지 못한다.'고 했답니다.

초현실주의 그림은 그리는 사람이 뜻을 붙여 그리기도 하지만 그렇지 않은 때도 많은 것 같습니다. 또한 많은 이야기가 담긴 듯한 느낌을 주지요. 아이들이 그린 '엉뚱하게 그리기' 그림들을 보니 화가들이 그린 초현실주의 그림들과 비슷해 보이기도 했습니다.

엉뚱한 표현으로 창조하는 힘 기르기

'엉뚱하게 그리기'는 처음부터 어떤 뜻을 뚜렷이 잡아서 그리는 것은 아닙니다. 그림을 그리면서, 또는 그리고 난 뒤에 아이들 스스로 어떤 뜻을 붙이는 것이지요. 사람 발을 그릴 자리에 나무뿌리를 그려 넣다가 '아! 사람이 이렇게 나무처럼 늘 한곳에 서 있으면 얼마나 힘들까? 마음대로 다니지도 못하고, 벌레가 파먹어도 참아야 하고, 바람이 쌩쌩 불고 추운 겨울에는 어떻게 견딜까?' 뭐 이런 생각을 하면서 그리는 것이지요. 보기 그림에서 4학년 박소연의 〈나무가 된 사람〉(157쪽)이란 글과 그림을 보면 이해하기가 쉬울 것입니다.

처음부터 어떤 뜻을 나타내려고 생각하고 그리는 '마음 그리기'하고는 다르지요? 그런데 사실 아무 뜻 없이 그렸다고 해도 그 속에는 설명할 수는 없지만 뜻이 들어 있지 않을 수는 없겠지요. 이렇게 아이들은 엉뚱한 표현을 하면서 새로운 무엇을 창조해 내는 힘을 기르는 게 아닐까 생각해 봅니다.

처음부터 큰 뜻을 두지 않고 엉뚱하게 그리는 것에서 한 단계 더 나아가 동식물이나 사물을 의인화해서 처음부터 자기가 나타내고자 하는 뜻을 담아 그려 보도록 하면 좋겠습니다.

엉뚱하게 그리기

임신한 남자

대구 동호초등학교 4학년 김지민, 2010년 12월 21일

여자들은 결혼을 하면 아기를 낳아야 한다. 배 속에 열 달 동안 아기를 키워서 열 달이 되면 낳아야 하는데 얼마나 힘든지 모른다고 한다.
그런데 남자들은 그런 여자의 마음을 모를 것이다. 그래서 나는 남자도 아기를 배면 좋겠다고 생각한다.
한 번은 남자가 아기를 낳고 한 번은 여자가 아기를 낳으면 공평할 것이다. 그래서 임신한 남자를 그렸다.

엉뚱하게 그리기

코끼리와 숲

대구 동호초등학교 4학년 이완동, 2010년

나는 코끼리 등에 나무가 자란 그림을 그렸다. 코끼리 등에 자란 나무는 코끼리 몸속에 뿌리를 박고 산다.
요즘은 지구온난화 때문에 코끼리나 나무들이 아파하고 있다고 한다. 나는 그런 마음을 생각하며 그림을 그렸다.
코끼리 등에 자란 나무에는 새도 살고 있다. 새들도 서로 나무에게 도움을 받으며 행복하게 살고 있다. 새가 도움을 받지만
나무하고 코끼리한테도 도움을 줄 것이다. 나는 그렇게 코끼리들과 나무들이 잘 자라 서로 어울려 행복하게 살았으면 좋겠다.

엉뚱하게 그리기

나무가 된 사람
대구 농호초등학교 4학년 박소연, 2010년 12월 16일

나는 사람의 발 대신에 나무뿌리를 그려 넣었다. 땅 밑에 있는 나무뿌리는 어떻게 뻗어 있는지 아무도 모르지만
내 멋대로 이리저리 뻗어 있지 않을까 생각하고 그려 넣었다. 그렇게 그리다 보니까 나무는 엄청 힘들겠다는 생각이 막 들었다.
겨울에 바람이 쌩쌩 불고 추우면 오돌오돌 떨면서 견뎌야 하니까 마음이 참 안됐다.
우리들은 추우면 따뜻한 방에도 들어가는데……. "나무야, 너는 참 대단하다!" 하는 말을 해 주고 싶다.

엉뚱하게 그리기

해바라기와 무당벌레
대구 동호초등학교 4학년 장윤정, 2010년

나는 곰곰이 생각하다가 식물과 벌레는 적이 아니라는 것을 말하는 그림을 그렸다. 진딧물처럼 식물에 붙어서 즙을 빨아 먹는 안 좋은 벌레도
있지만 무당벌레처럼 식물에 해로운 곤충을 잡아먹는 이로운 곤충도 있기 때문이다. 그래서 해바라기 꽃잎을 무당벌레로 붙여 그렸다.
그리고 벌레가 식물의 잎을 갉아 먹어서 식물을 조금 못살게 굴어도 그 정도는 괜찮다고 생각한다. 곤충도 살아야지 식물도 씨앗을 맺어서
자손을 퍼뜨릴 수가 있지. 그런데 해바라기 포기에 무당벌레 꽃이 피게 그린 건 내가 처음일 것이다.

엉뚱하게 그리기

물고기 인간
대구 동호초등학교 4학년 최지현, 2010년

나는 물고기 인간을 그렸다. 물고기 인간은 얼굴과 허리까지는 물고기인데 다리는 사람이다. 숨은 물속에서도 잘 쉴 수 있다.

코는 돼지 코이다. 돼지 코니까 물속에 있는 먹을 것도 아주 잘 찾아낼 것이다. 입은 사람 입이다. 그래서 말도 잘할 수 있다.

헤엄은 앞에 있는 지느러미로 치고, 물속에서 위험한 일을 당했을 때는 물 밖으로 나와 두 발로 막 뛰어 달아나면 될 것이고 육지에서 위험한 일을 당했을 때는 물속으로 뛰어 들어가면 될 것이다. 세상에 진짜 이런 물고기 인간이 있다면 어떻게 될까? 지금으로서는 끔찍할 것 같다.

엉뚱하게 그리기

동물원에 갇힌 사람
대구 동호초등학교 4학년 김민규, 2010년

선생님이 동물원에 갇혀 있는 동물을 보면 참 불쌍하다고 했다. 나도 불쌍한 생각이 든다. 자기 멋대로 살지 못하고 갇혔기 때문이다. 넓은 초원에서 마구 뛰어다니며 놀아야 하는데 갇혀서 얼마나 답답할까? 그리고 기후도 안 맞을 것이다. 선생님이 갇혀 살기 때문에 스트레스를 받아서 이상한 행동을 하는 동물도 있다고 했다. 그래서 나는 사람을 가두고 동물들이 자유롭게 사람을 구경하도록 하면 어떨까 생각해 보았다. 사람은 날마다 올 것이다. 사람이 좀 당해 봐야 동물이 괴로운지 알 것이라고 생각해서 이 그림을 그렸다.

3. 캐릭터 그리기

'캐릭터'는 '소설이나 연극 따위에 등장하는 인물. 또는, 작품 내용에 의하여 독특한 개성과 이미지가 부여된 존재'로 '소설, 만화, 극 따위에 등장하는 독특한 인물이나 동물의 모습을 디자인에 도입한 것'입니다. 여기서 말하려는 캐릭터 그림이란 '목적하는 바를 뚜렷이 나타내기 위해 사람, 동식물, 사물 또는 어떤 상징물에 담아 개성을 살려 나타낸 그림'이라고 하면 말이 될까요?

요즘 아이들에게 인기 있는 캐릭터는 '펭수'입니다. 펭귄 캐릭터이지요. 곳곳에 이 캐릭터가 쓰이고 있습니다. 이전에 나온 '뽀로로' 캐릭터는 아직도 아이들이 좋아합니다. 세계 인기 캐릭터도 많지요.

미국 디즈니의 대표 캐릭터로 쥐를 모델로 한 '미키 마우스'와 수다쟁이 오리 '도널드 덕'이 있고, 일본에서는 만화 캐릭터 '아톰'과 〈드래곤볼〉 시리즈의 주인공 '손오공' 캐릭터가 인기를 엄청 끌었지요. 이런 캐릭터들은 아이들이 쓰는 학용품을 비롯해 여러 가지 물품에 쓰여서 경제 이득도 크게 얻었습니다.

이런 유명 캐릭터 말고도 책과 만화책, 애니메이션, 갖가지 상품과 게임, 스마트폰, 광고 들 우리 생활 어디든 안 보이는 곳이 없습니다.

자기와 식구를 캐릭터로 그리기

그러면 아이들에게는 어떤 캐릭터를 어떻게 그리게 하면 좋을까요? 나는 먼저 자기나 식구들 가운데 한 사람을 자기 생각과 느낌을 담아 캐릭터로 그려 보게 해 보았습니다. 이렇게요.

첫째, 캐릭터로 그릴 대상을 정합니다.

둘째, 그 대상만이 가지고 있는 겉모습이나 성격, 행동 특성, 그 대상에 대한 느낌 같은 것을 잘 살펴보고 대표될 만한 특징을 찾아냅니다.

셋째, 그 대상의 어떤 모습을 어떻게 나타내면 그 대상을 가장 잘 나타낼 수 있을지 생각합니다. 동식물이나 사물을 캐릭터로 잡았다면 어떻게 의인화해서 나타내야 할지도 생각해 봅니다.

넷째, 생각한 것을 이렇게 저렇게 많이 그려 봅니다. 그러다 원하는 모습이 뚜렷이 나타나면 꼭 잡아서 머릿속으로 한 번 더 그립니다.

다섯째, 머리에 그린 모습을 화면에 구체로 옮겨 그립니다. 필요하면 보조 캐릭터와 배경도 그립니다. 복잡한 모양, 모습이나 색깔을 단순화하기도 해야겠지요.

여섯째, 색칠을 더해서 나타내고자 하는 뜻이 더 잘 나타나도록 합니다. 색칠은 먼저 주제색을 정하는 것이 중요합니다. 주제색에 따라 여러 가지 어울리는 색을 써야 하니까요. 단어와 짧은 문장을 넣기도 합니다. 먼저 단어와 문장을 넣은 뒤에 그림을 그릴 수도 있겠지요.

동식물이나 사물, 추상물에다 어떤 사람의 모습을 이입해 의인화 캐릭터로 나타내는 것도 좋겠습니다.

캐릭터 그리기에 필요한 도구

아이들이 '캐릭터 그리기'를 할 흔히 쓸 수 있는 필기구는 밑그림 그리는 연필 말고도 볼펜, 붓펜, 마커 같은 것들이 있습니다. '볼펜'은 옅은 색부터 진한 색까지, 또 여러 가지 색을 표현하기에 좋습니다. 특히 선의 모습이 뚜렷이 나타나 있어 독특한 느낌이 날 수 있답니다. 볼펜만으로도 훌륭한 그림을 완성할 수 있지요.

'붓펜'은 선의 굵기가 부드럽게 바뀔 수 있다는 점을 잘 이용하면 좋겠지요. 붓놀림에 따라 여러 가지 변화 있는 표현을 할 수 있습니다. 처음에는 마음처럼 표현이 잘 안 되지만 조금 익숙해지면 자유롭게 표현할 수 있답니다.

'마커'는 굵은 선과 가느다란 선을 자유롭게 나타낼 수 있고 농도 조절도 할 수 있어 좋습니다. 색깔도 여러 가지로 잘 나와 있고요.

'색연필'은 아이들이 색깔 그림을 쉽고 자유롭게 나타내기에 참 좋습니다. 다른 색과 겹쳐 써서 여러 가지 색으로 표현할 수도 있지요. 색감이 풍부하니까 쓰기에 따라 온갖 느낌을 표현할 수 있습니다.

필기구마다 가진 특징을 잘 살려 섞어 쓰면 더욱 다양하게 표현할 수 있을 것입니다. 앞서 이야기한 필기구가 아니더라도 자기가 찾아낸 특징 있는 필기구를 써서 더 재미있게 표현해 볼 수도 있겠지요.

다양한 캐릭터 그리기 활용법

캐릭터를 그릴 때 다른 여러 가지 표현도 해 볼 수 있습니다. '사랑해', '아름다워', '안녕하세요', '미안해', '봄이 왔어요'같이 짧은 문장을 넣어 캐릭터 모습이 나온 한 장면을 그릴 수도 있습니다.

한 인물, 한 동식물, 한 사물, 한 추상물로 어떤 뜻이 담기도록 이어지는 네 장면을 구성해 캐릭터를 그려 보는 것도 좋겠습니다.

어떤 책의 주인공과 나오는 인물을 캐릭터로 그리기도 하고, 글에 어울리는 삽화를 그리거나, 자기 생활, 동화와 옛이야기, 자기의 상상 들을 줄거리가 있는 캐릭터 그림책으로 만들어 보는 것도 괜찮겠고요. 여러 장면을 캐릭터 그림으로 그릴 때는 전체 구성 계획을 잘 세워야겠지요.

아이들이 쉽게 그릴 수 있는 것부터 많이 그려 보도록 지도하기 바랍니다.

캐릭터 그리기

예쁜 나비, 나

경북 경산 동부초등학교 4학년 김수연, 2011년 12월 23일

캐릭터 그리기

운동하는 우리 누나 돼지
경북 경산 동부초등학교 4학년 이동근, 2012년 2월 9일

캐릭터 그리기

수다 떠는 엄마 오리

경북 경산 동부초등학교 4학년 김수연, 2012년 2월 10일

캐릭터 그리기

나는 불의 신

경북 경산 동부초등학교 4학년 서재성, 2013년

캐릭터 그리기

착하고 예쁜 나
경북 경산 동부초등학교 4학년 이근영, 2013년

캐릭터 그리기

맛있는 바나나

경북 경산 동부초등학교 4학년 배민준, 2013년

4장

꾸미는
그림 그리기

1. 글자 그리기

글자를 그냥 쓰는 것에서 나아가 이제는 '글자 그리기'도 많이 하고 있습니다. 서예는 옛날부터 글자의 아름다움을 잘 나타내는 글자 그리기 예술이라 할 수 있지요. 글씨를 쓴다는 것은 글자를 조합하고 나열해서 뜻을 나타내는 것이지만, 글자를 그린다는 것은 눈으로 보는 형태나 색깔로 생각이나 뜻을 나타내는 행위입니다.

요즘은 캘리그라피를 매우 많이 하고 있습니다. '캘리그라피'란 사전의 뜻으로는 '서예', '서법'이라는 뜻으로 쓰이나 서체 디자인 분야에서는 일정한 의도나 뜻, 느낌을 표현하기 위해 손으로 쓴 글씨체를 말하지요.

캘리그라피는 일반 글자와는 달리 일정한 틀이 없이 자유롭게 살아 움직이는 듯하며, 독창적인 조형미를 가지고 있는 작가 개인의 글씨체라고 말할 수 있습니다. 포스터나 잡지, 책 표지, 텔레비전 방송의 자막, 광고판 같은 것에 많이 쓰이는데, 가장 먼저 마주하는 얼굴과 같은 것이어서 뜻을 알리고 전달하는 데 매우 중요한 역할을 합니다.

여기서 말하고자 하는 '글자 그리기'는 초등 교육 과정에도 나와 있는 것처럼 글자를 그림으로 그리는 것을 말합니다. 독특한 글씨체뿐만 아니라 거기에 다른 그림이나 색을 조금 더해 나타내는 것이지요.

글자 그리기의 지도 과정

초등학교 아이들은 '글자 그리기'를 어떻게 해 보면 좋을까요? 생각을 정리해 보면 이렇습니다.

첫째, 나타내고자 하는 목적, 생각과 뜻이 무엇인지 또렷하게 합니다.

둘째, 어떤 글씨체로 나타낼 것인가 정합니다.

셋째, 어떤 형태로 나타낼 것인가 정합니다.

넷째, 글자에 무엇을 어떻게 더해 더욱 돋보이게 할 것인가를 생각합니다.

다섯째, 무슨 색으로 나타낼 것인가 정합니다.

여섯째, 화면과의 조화를 생각해 나타냅니다.

무슨 일이든 목적이 뚜렷해야겠지만, 다른 그림 그리기와는 달리 '글자 그리기'는 처음부터 무엇을 나타낼 것인지가 아주 뚜렷해야 합니다. 어떤 책 제목인가, 어떤 안내판인가, 어떤 간판인가, 어떤 축하 카드인가, 어떤 광고 쪽지인가…… 목적이 뚜렷할수록 표현을 더 뚜렷이 할 수 있겠지요. 목적을 구체로 적어 보고 시작하면 좋겠습니다.

다음은 글씨체인데, 글씨체 종류는 수없이 많지요. 자기가 나타내고자 하는 것을 잘 나타낼 수 있는 글씨체를 찾아야 합니다. 다른 사람들이 쓴 글씨체를 참고할 수는 있지만 자기만의 독특한 글씨체를 찾으려면 다른 글씨를 흉내 내지 않아야겠지요.

생각과 뜻을 잘 담은 독특하고 아름다운 글자를 그리기 위해서는 여러 가지 재료가 쓰입니다. 붓, 색연필, 연필, 펜, 나무 막대, 손가락, 종이…… 그 종류는 나타내려고 하는 뜻에 따라 수없이 많을 것입니다.

붓을 보기로 들면 납작한 붓, 둥근 붓, 뾰족한 붓 따위로 붓의 모양에 따라 다른 글자 모양새가 나올 수 있습니다. 굵기나 크기에 따라서도 글자의 모양새가 여러 가지로 달라질 수 있습니다. 한 종류의 붓으로도 힘의 세기, 속력이라든지 그 밖의 여러 변수에 따라 아주 여러 가지 모양을 갖춘 글자가 나오겠지요.

다음은 어떤 형태로 나타낼 것인지 구상하고 그려 냅니다. 글자를 점으로 표현할 것인가 선으로 표현할 것인가, 글자에 무늬를 넣을 것인가, 무늬를 넣는다면 어떤 무늬를 넣을 것인가. 꽃송이 모양으로 나타낼 것인가, 나뭇가지 모양으로 나타낼 것인가 하는 것 말입니다.

여기에다 글자가 더욱 돋보이게 하기 위해서는 글자 속에, 또는 글자 밖에 그림을 그려 주기도 합니다. 이를테면 '미술실' 안내 글자를 그릴 때 글자 둘레에

'물감이나 붓' 같은 것을 그려 넣거나 '꽃'이라는 글자를 그릴 때 글자 속에 '꽃 한 송이'를 어울리게 그려 넣는다든지 할 수 있습니다.

나타내는 글자의 뜻에 맞게 색깔을 잘 선택하는 것도 매우 중요합니다. 배경 과도 잘 어울리는 색을 선택해야 하는데, 글자가 뚜렷이 잘 드러날 수 있는 색 을 선택하는 것이 좋겠지요.

마지막으로 글자를 어느 자리에 놓으면 생각과 뜻을 잘 살리면서도 더 아름 답게 어울리는지 생각하면서 배치해야 합니다. 화면 가운데 글자를 놓을 것인 가, 위에, 또는 아래에 놓을 것인가. 화면의 큰 그림 속에 글자를 넣을 것인가, 넣는다면 어떤 자리에 넣을 것인가 하는 것 따위입니다.

그림 글자를 많이 그려 보지 않은 아이들의 경우는 아주 여러 번 이렇게 저 렇게 그려 보게 해야 합니다. 그러면서 나타내고자 하는 뜻에 걸맞은 이미지가 잘 살아 있는 그림 글자를 찾아내어야 합니다.

또 한 가지 중요하게 생각해야 할 것은 어떻게 꾸며 나타내든 무슨 글자인지 한눈에 쉽게 알 수 있도록 해야 한다는 것이지요. 글자를 꾸민 그림들은 다 없 어져도 글자가 남아 있으면 뜻은 전달되지만 글자를 알아볼 수 없거나 너무 왜 곡해서 나타내면 생각이나 뜻이 뚜렷이 전달되지 않기 때문입니다.

'글자 그림'이나 '알리는 그림'이나 둘 다 알린다는 점은 비슷합니다. 하지만 '글자 그림'은 글자가 중심이고 그림은 글자를 도와주는 역할을 하며, '알리는 그림'은 그림'이 중심이고 글자는 보조로 쓰인다는 차이가 있습니다.

그림 글자에서 더 나아가 글자 도안도 해 볼 수 있습니다. 글자 자체의 뜻보 다는 글자의 모양과 구성의 아름다움에 중심을 둔 그림이 되겠지요. 우리 한글 은 도안화하기에 아주 좋은 구조를 가지고 있는 글자이니, 아이들하고 꼭 해 보 면 좋겠습니다.

글자 그리기

사랑
경북 경산 동부초등학교 4학년 유민하, 2011년 12월 20일

번개
경북 경산 동부초등학교 4학년 김성준, 2011년 12월 20일

제비
경북 경산 동부초등학교 4학년 김성준, 2011년 12월 20일

앞으로
경북 경산 동부초등학교 4학년 김수연, 2011년 12월 20일

글자 그리기

행복
경북 경산 동부초등학교 4학년 김은정, 2011년

함께 가자
경북 경산 동부초등학교 4학년 김인순, 2011년

미술
경북 경산 동부초등학교 4학년 이근영, 2013년

나무
경북 경산 동부초등학교 4학년 홍태검, 2012년

글자 그리기

가을
경북 경산 동부초등학교 4학년 이동희, 2012년

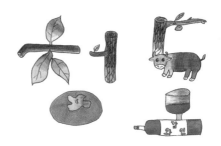

청도
경북 경산 동부초등학교 4학년 이현영, 2012년

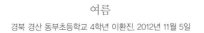

여름
경북 경산 동부초등학교 4학년 이환진, 2012년 11월 5일

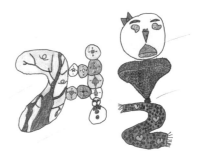

겨울
경북 경산 동부초등학교 4학년 장혜진, 2012년

글자 그리기

오리
경북 경산 동부초등학교 4학년 최지원, 2012년 11월 5일

기린
경북 경산 동부초등학교 4학년 윤혜정, 2013년

기쁨
경북 경산 동부초등학교 4학년 서재성, 2013년

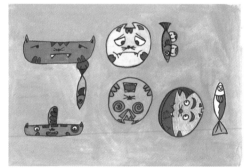

고양이
경북 경산 동부초등학교 4학년 신혜순, 2013년

2. 자연무늬 그리기

옷은 모양도 그렇지만 옷에 그려진 무늬에 따라 그 옷을 입은 사람이 아주 달라 보입니다. 방을 벽지로 꾸밀 때 한 면에만 무늬가 있는 벽지로 꾸며서 색다른 느낌을 주는 분위기를 만들어 내기도 합니다.

이처럼 우리 둘레에 있는 구조물이나 물건에는 대부분 무늬가 그려져 있습니다. 무늬가 없으면 우리 삶도 좀 밋밋하고 메마를 것입니다.

그런데 왜 사물에 무늬를 넣을까요? 가장 큰 까닭은 아름답게 꾸미기 위해서가 아닐까요? 전통 무늬인 단청은 건물 벽, 기둥, 서까래, 도리, 천장 따위에 그림이나 무늬를 그려 넣어 화려하고 장엄하게 장식한 것을 말합니다.

어떤 상징을 담은 부호나 문양을 무늬로 나타내기도 합니다. 특수한 목적으로 무늬를 그려 넣는 것이지요. 성당 창문에 장식해 놓은 스테인드글라스 같은 것도 마찬가지입니다.

또 단청은 현란한 색채를 뽐내며 건축물을 곱게 단장할 뿐만 아니라 목재 표면이 갈라지거나 썩지 않도록 막아 수명을 늘리고 거친 표면을 감추는 역할도 합니다.

자연무늬 그림의 소재

무늬를 크게 두 갈래로 나누면 자연물에서 형태를 본뜨거나 자연현상을 나타낸 '자연무늬'와 도형이나 문자 같은 '기하무늬'가 있습니다. 먼저 '자연무늬'에 대해 말하려고 합니다.

자연무늬를 그리려면 먼저 자연의 어떤 모양을 따올지 정해야겠지요. 자연무늬를 몇 가지로 나누어 볼게요.

먼저 '식물무늬'입니다. 풀이나 나무, 꽃은 그 자체만으로도 아름답지만 서로 어우러져 있으면 더욱 아름답지요. 또 부분 모양을 잘 살펴보면 보통 때는 찾지 못했던 새로운 모습도 볼 수 있습니다. 잎을 보면 모양도 가지가지이고 붙어 있는 모습도 서로 다릅니다. 하나하나 다른 질서를 가지고 있지요. 잎을 더 가까이서 보면 잎맥이 보이는데 이것도 다 다릅니다.

그뿐만 아니라 식물은 계절에 따라 여러 가지 아름다운 색을 띠기도 하지요. 꽃은 또 얼마나 아름답습니까. 가까이 다가가 자세히 들여다보면 더욱 신비로운 모습을 발견할 수 있습니다.

나무마다 가지의 모양이나 뻗어 나간 모습도 저마다 특징이 있습니다. 날카롭게 뻗어 있는 나뭇가지도 있고, 감나무 가지처럼 순하게 뻗어 있는 나뭇가지도 있습니다. 파란 하늘을 바탕으로 뻗은 나뭇가지가 그려 낸 무늬는 참 아름답지요. 나무둥치가 뻗어 있는 모습이나 나무껍질 무늬도 다 다른 아름다움을 가지고 있습니다.

그다음은 '동물무늬'입니다. 큰 동물부터 조그만 벌레까지 전체나 부분 모양에서 다른 특징을 가지고 있지요. 피부나 털 무늬는 사람이 표현할 수 없는 아름다움을 지녔습니다. 호랑이 얼룩말의 줄무늬, 기린이나 표범, 무당벌레의 점박이 무늬, 새의 깃털 무늬…… 가끔 텔레비전에 나오는 물속 풍경을 보면 서로 다른 빛깔과 무늬가 있는 물고기와 조개, 물풀의 모양이 참으로 신비롭고 아름답습니다.

'사물무늬'도 있습니다. 냇가의 돌은 아무렇게나 나뒹굴고 있는 것 같지만 잘 살펴보면 어떤 질서가 있습니다. 또 돌 하나하나에 나타나 있는 무늬는 하나도 같은 게 없고 저마다 다른 모습을 지녔습니다. 보면 볼수록 신비하지요.

자연물이 아닌 인공물도 무늬가 있고, 인공물이 이렇게 저렇게 놓여 있는 모습도 아름다운 무늬가 됩니다.

또 파도치는 모습, 물이 흐르는 모습, 구름이 떠가는 모습, 눈 내리는 모습같이 어떤 현상의 한순간을 붙잡아 아름다운 무늬를 그릴 수도 있지요. 그 밖에도 찾아보면 자연무늬는 우리 둘레에 참 많습니다.

자연무늬 구성하기

무늬를 그릴 때는 먼저 사물이 가진 어떤 모양이나 어떤 부분의 형태를 본떠서, 어떻게 바꾸고 단순화할 것인지 생각해야 합니다. 이를테면 얼룩말을 보고 무늬를 그리려고 할 때 몸 전체 모습을 그릴지, 머리 부분만 그릴지, 털 무늬만 따와 그릴지, 또 색깔이나 형태를 바꾸어 그릴지 생각해야 한다는 말입니다.

또 화면에 어떻게 배열할지도 생각해야 합니다. 자유롭게 구성하는 무늬 한 가지로 할 것인지, 일정한 질서로 배열해야 하는 연속무늬로 할 것인지도 정해야 하지요. 더 나아가 사랑, 희망, 숭고함, 믿음, 자유, 평화, 온화함, 장엄함, 신비함처럼 어떠한 뜻을 담은 무늬를 그려 보는 것도 새로울 것입니다.

'무늬 그리기'에서 무엇보다 중요한 것이 색깔입니다. 어떤 색으로 나타낼 것인지 또렷이 정해야겠지요. 같은 계열 색으로 은은하게 나타낼 것인지, 반대되는 색으로 화려하게 나타낼 것인지, 또 어떤 색을 어떤 규칙으로 배열할 건지도 정해야겠지요. 때로는 가장 밝게 나타내야 할 곳과 가장 어둡게 나타내야 할 곳의 초점은 어디쯤 두어야 할지 생각해야 합니다.

배경의 모양과 색깔도 매우 중요합니다. 그리고자 하는 무늬를 아무리 잘 나타냈다고 해도 배경 모양이나 색을 어울리지 않게 그리거나 색칠해 버리면 엉뚱한 모습으로 나타날 수도 있으니까요.

무늬를 색칠할 때는 매우 세밀하게 칠해야 할 부분이 많아 정신을 모아야 합니다. 붓으로 색칠할 경우 아주 가는 붓이 필요하다는 것을 아이들에게 알려 주면 좋겠습니다.

생활 속 자연무늬의 활용

종이 위에다 무늬를 어느 정도 그려 보았으면 이제는 우리 생활공간에 맞는 무늬도 그려 보면 좋겠습니다. 내 방이나 욕실, 화장실, 주방 벽면, 우리 집 바깥 벽, 우리 마을의 담, 도서실, 보도블록이 깔린 길, 문이나 창문 같은 곳에 꾸미는 무늬 말입니다.

또 생활용품에 어울리는 무늬를 그려 보도록 합니다. 가구나 옷에도 사람의 나이와 성격에 맞게 정서에 도움을 주는 무늬를 그려 넣어 보는 것입니다.

그 밖에도 가방, 손수건, 장갑, 머플러, 지갑처럼 어떤 물건이든 거기에 어울리는 무늬를 그려 보면 또 다른 아름다움을 느낄 수 있을 것입니다.

'자연무늬 그리기'를 하는 동안 틈틈이 유물 곳곳에 나타나 있는 전통 문양을 살펴보며 그 문양에는 어떤 뜻이 담겨 있고 어떤 아름다움을 지니고 있는지 알아보면 좋은 공부가 될 것입니다. 우리 전통 문양뿐 아니라 다른 나라 문양도 살펴보면 더욱 좋겠지요.

우리 둘레에 눈에 띄는 여러 가지 무늬도 눈여겨 살펴보도록 합시다. 그 무늬가 어떤 면에서 어떻게 아름답게 잘 어울리는지 생각해 보면 그것만으로도 좋은 공부가 될 것이고 '자연무늬 그리기'에 큰 도움이 될 것입니다.

자연무늬 그리기

대나무 무늬

경북 청도 덕산초등학교 5학년 윤영웅, 1996년

자연무늬 그리기

덩굴식물 무늬
대구 동호초등학교 4학년 장윤정, 2010년

자연무늬 그리기

가을 단풍잎 무늬

대구 동호초등학교 4학년 최다예, 2011년 2월 11일

자연무늬 그리기

꽃사과 열매 무늬

대구 동호초등학교 4학년 전서영, 2011년 2월 11일

자연무늬 그리기

나뭇가지 무늬

대구 동호초등학교 4학년 이민희, 2011년 2월 11일

3. 기하무늬 그리기

　직선이나 곡선을 바탕으로 만들어 내는 추상무늬를 '기하무늬'라고 합니다. 직선에는 수직선, 수평선, 사선, 점선, 파선(破線, 짧은 선을 일정한 간격을 두고 벌려 놓은 선)이 있고, 곡선에는 원호, 타원호, 파선(波線, 물결 모양의 곡선), 나선(소용돌이 모양의 곡선), 포물선 같은 것이 있습니다.

　직선을 늘어놓으면 병행(竝行)무늬가 되고, 직각으로 맞추면 격자무늬, 체크무늬(바둑판무늬), 만자(卍字)무늬가 됩니다. 또 파선을 이으면 물결무늬가 된답니다.

　기하학에는 '피보나치수열'이 있습니다. '1, 1, 2, 3, 5, 8, 13, 21……'처럼 앞쪽 두 항을 더한 값이 다음 항이 되는 수열을 말합니다. 피보나치수열은 사람이 가장 아름답게 느낀다는 황금비율(앞뒤 두 항의 비율인 1:1.618)을 만들어 내기도 한답니다. 고대 그리스와 르네상스 시대 예술가들은 아름다운 작품을 만들려고 이 황금비율을 썼다고 하네요. 피라미드나 파르테논신전, 레오나르도 다빈치의 '비트루비우스적 인간', 미켈란젤로의 '다비드' 같은 것에서 찾아볼 수 있습니다.

　피보나치수열은 특히 자연에서 여러 가지 모습으로 끝없이 나타난다고 합니다. 나무가 자라면서 뻗어 나가는 가지 수, 꽃잎 수, 꽃잎 길이, 솔방울 나선 수, 해바라기 씨앗이 박힌 나선형 곡선 같은 것들에서요. 그뿐 아니라 곤충이나 사람 몸, 온갖 곳에서도 흔히 찾아볼 수 있습니다.

　이처럼 알게 모르게 자연에 담긴 모습들이 우리 눈에 어떤 틀로 자리 잡았고, 그것이 아름다움을 이루는 구조라 잘 느끼도록 길들어진 게 아닐까 싶어요. 그래서 자연이 더 아름답게 보이고, 또 우리 생활에 여러 가지 형태로 나타나게 된 것 같다는 생각도 해 봅니다.

질서가 주는 아름다움이 담긴 기하무늬

기하무늬는 옷, 문살, 대광주리, 보도블록 같은 온갖 인공물에서 흔히 볼 수 있습니다. 하지만 자연에서는 더 많이 찾아볼 수 있답니다. 소라나 고둥, 솔방울, 파인애플, 해바라기 씨앗에 있는 나선 모양이나 거미줄, 육각형 모양의 벌집, 나비 날개 따위에서 말이지요.

나는 어릴 때 문살을 유심히 보곤 했습니다. 특별한 뜻이 있어 본 것이 아니라 그냥 무심코 보다가 어느새 빠져들곤 했지요. '어? 여러 가지 크기로 된 사각형이 서로 반대편과 짝을 이루고 있네!', '저건 정사각형 모양이구나. 저쪽에 있는 직사각형은 정사각형 네 칸 크기와 똑같네!', '문 위쪽에 정사각형을 더 넣어서 문살을 만들었다면 더 멋있을 텐데……' 뭐 이런 생각을 하면서 네모가 지닌 아름다움에 빠져들었던 것 같습니다.

길을 걸을 때, 보도블록을 보면 모양과 색깔을 질서 있게 깔아 놓은 모습에 눈길이 가곤 합니다. 보도블록 몇 개가 엉뚱하게 짜여 있으면 '에이, 저건 참 어울리지 않게 짜 놓았네. 저쪽 색깔과 같게 짜 놓았으면 딱 맞고 더 보기 좋을 텐데……' 하며 아쉬워하기도 합니다. 이런 생각을 하면서 내 나름대로 기준을 가지고 기하무늬에서 아름다움을 찾아 새롭게 만들어 보기도 하지요.

해바라기 씨앗이 박힌 걸 보면 나선 두 개가 서로 맞물려 돌아가는데 그게 신기해 한참을 들여다보고 쓰다듬기도 했습니다. 벌집을 보면 육각형 모양으로 짜여 있지요. 어떻게 하나도 어긋남이 없도록 만들었을까요?

정다각형 가운데 평면을 빈틈없이 채울 수 있는 건 정삼각형, 정사각형, 정육각형뿐인데, 그 가운데 정육각형이 가장 경제적이고 튼튼한 공간을 만들 수 있답니다. 곤충이 그걸 알고 있다니 참 놀랍습니다. 이런 형태는 곤충의 눈과 잠자리 날개, 눈 결정 모양에서도 볼 수 있답니다. 나비 날개의 무늬는 또 얼마나 아름답습니까.

이런 아름다움을 생각하며 아이들한테 기하무늬를 그리게 해 보았습니다. 아이들이 아주 좋아하지요. 그냥 아무 생각 없이 그리는 것 같지만 제 나름대로 온갖 생각을 하면서 그립니다. 그러면서 추상에 담긴 아름다움을 찾아 나가지요. 정교하게 그리려는 태도에서도 얻는 게 있을 겁니다. 나는 바로 여기에 어린아이들한테 기하무늬를 그리게 하는 참뜻이 담겨 있다고 생각합니다.

기하무늬 그리기 도구

기하무늬를 그리는 기본 도구는 자와 컴퍼스입니다. 자로는 한 점과 또 다른 한 점을 잇는 선을 그을 수가 있지요. 그 선으로 여러 가지 도형을 만들어 냅니다. 삼각형, 사각형, 마름모, 오각형, 육각형 같은 도형뿐만 아니라 선과 도형을 합쳐서 여러 가지 다각형도 만들 수 있습니다. 그 도형들이 놓인 배열과 짜임으로 여러 가지 아름다운 무늬를 만들 수 있지요.

컴퍼스로는 원을 그릴 수 있습니다. 원은 온화하고 부드러운 느낌, 움직임과 변화를 느낄 수 있지요. 원만으로도 여러 가지 아름다운 무늬를 만들 수 있지만 다각형과 원을 알맞게 짜 놓으면 또 다르게 느낄 수 있는 무늬를 얼마든지 만들어 낼 수 있습니다.

컴퍼스를 쓰지 않고 일정한 형태가 없는 곡선을 그려 넣으면 더욱 여러 가지로 기하무늬를 만들어 낼 수 있습니다. 아이들은 모양 자를 쓰기도 하고, 원을 그릴 때는 원 모양 그릇이나 뚜껑을 쓰기도 하지요.

기하무늬를 그리는 방법

기하무늬를 그리는 방법은 크게 '계획 없이 자유롭게 만드는 무늬'와 '처음부터 일정한 규칙을 세워 그리는 무늬'로 나눌 수 있습니다.

먼저 '자유롭게 만드는 무늬'는 이런저런 선을 긋거나 원, 삼각형, 사각형 같은 기본 도형을 배치해 그려 나가면서 아름다운 무늬를 만드는 방법입니다.

'규칙을 세워 그리는 무늬'는 여러 가지 방법이 있습니다. 이를테면 같은 길이와 모양을 일정한 간격으로 배열해 그리는 방법, 대칭(선대칭, 점대칭)에 따른 규칙을 살려 그리는 방법, 나선형으로 그리는 방법, 일정한 비율로 확장하는 방법 같은 것들입니다. 이 방법은 처음부터 규칙성에서 아름다움이 느껴지도록 그려 나가는 것입니다.

기하무늬는 모양과 배열의 방법에 따라서도 아주 색다른 무늬를 많이 만들어 낼 수 있지요. 거기에 색깔을 더하면 더욱 여러 가지 아름다운 무늬를 만들 수 있습니다. 그것뿐입니까. 4차원의 입체 무늬도 얼마든지 만들 수 있지요.

도형으로 정서와 성격이 지닌 특성을 연구한 사람이 있습니다. 도형으로 나타난 긍정의 정서와 성격 특징은 다음과 같습니다. 동그라미는 열정, 기쁨, 즐거움을, 세모는 도전, 열정, 추진력, 대담함을, 네모는 평화, 안정, 여유를, 에스(S)는 창조성, 명랑, 자상함을 나타냅니다.

부정의 정서와 성격 특징으로 동그라미는 불안, 외로움, 슬픔, 그리움을, 세모는 경쟁심, 화, 분노, 적개심, 억울함을, 네모는 부담감, 두려움, 불안을, 에스(S)는 질투, 무기력, 허무, 불안을 나타내지요.

아이들도 정서나 성격에 따라 좋아하는 도형이 있겠지요. 나는 네모 도형을 참 좋아합니다. 교실 뒤 환경 판에 아이들 작품을 붙일 때도 네모로 붙여야 마음이 편하지요. 너무 단순하고 무미건조하다 싶어 동그라미를 이곳저곳에 붙이기도 하지만 그것도 네모 틀 안에 넣지 않으면 또 뭔가 불안합니다.

아이들은 기하무늬를 그려 나가면서 질서를 띤 추상의 아름다움을 만들어 낼 뿐만 아니라 아름다움을 뛰어넘는 무엇까지도 스스로 찾아낼 것입니다. 그러면서 창조성도 기를 수 있겠지요.

기하무늬 그리기
선

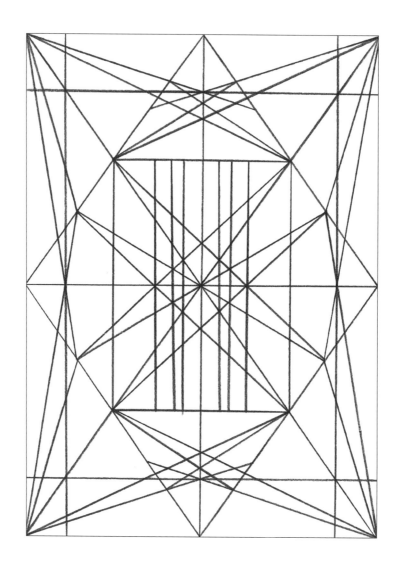

기하무늬

대구 동호초등학교 4학년 오건택, 2009년 12월 8일

기하무늬 그리기
선

기하무늬
대구 동호초등학교 4학년 김훈, 2009년 12월 15일

기하무늬 그리기
선

기하무늬

대구 동호초등학교 4학년 권오성, 2010년 2월 2일

기하무늬 그리기
선

기하무늬
대구 동호초등학교 4학년 민이삭, 2009년 12월 15일

기하무늬 그리기
면

기하무늬
대구 동호초등학교 4학년 오건택, 2009년 11월 25일

기하무늬 그리기
면

기하무늬
대구 동호초등학교 4학년 송서윤, 2009년 11월 30일

기하무늬 그리기
면

기하무늬
대구 동호초등학교 4학년 오건택, 2009년 11월 25일

기하무늬 그리기
면

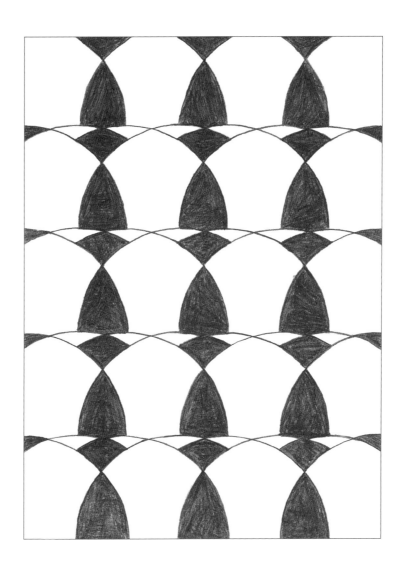

기하무늬

대구 동호초등학교 4학년 안창연, 2009년 12월 2일

기하무늬 그리기
면

기하무늬

대구 동호초등학교 4학년 임태호, 2009년 12월 9일

기하무늬 그리기
면

기하무늬

대구 동호초등학교 4학년 권기범, 2009년 12월 5일

기하무늬 그리기
면

동그라미, 세모의 모형
대구 동호초등학교 4학년 최다예, 2010년

기하무늬 그리기
면

동그라미 도형으로 꾸미기
대구 동호초등학교 4학년 최지현, 2011년 2월 14일

기하무늬 그리기
면

기하무늬
대구 동호초등학교 4학년 오건택, 2009년 11월 26일

기하무늬 그리기
면

기하무늬

대구 동호초등학교 4학년 안창연, 2009년 12월 3일

4. 알리는 그림 그리기

무엇을 알린다는 것은 다른 사람이 새로운 정보나 지식을 얻을 수 있도록 모르던 것을 깨닫게 하는 일입니다. 또 생각하여 분간하고, 판단하게 하는 일이기도 하지요. 좀 더 나아가면 사람 마음을 움직여서 행동으로 옮길 수 있도록 이끄는 것이기도 합니다.

알리는 그림의 다섯 갈래

그림으로 좁혀 이야기해 보겠습니다. '알리는 그림'은 말 그대로 알릴 것을 눈에 또렷이 들어오도록 그려서 마음을 움직이게 하는 그림입니다. 알리는 그림에는 어떤 것들이 있을까요?

첫째, '포스터'가 있습니다. 포스터에는 무엇을, 언제, 어디서, 어떻게 하는지 안내하기 위한 '안내 포스터', 어떤 것을 일깨우고 깊이 깨닫게 하기 위한 '계몽 포스터', 행사를 알리기 위한 '행사 포스터', 어떤 곳을 잘 알리고 자랑해서 많이 찾아오도록 하기 위한 '관광 포스터', 무엇을 광고하기 위한 '광고 포스터' 같은 것들이 있지요.

둘째, '표지판'입니다. 표지판은 포스터에 넣을 수도 있겠지만 따로 떼 내었습니다. 전체 모양에 담긴 조형성도 생각해야 하기 때문이지요. 우리가 가장 많이 보는 것이 '길 안내 표지판'입니다. 그다음은 '주의를 주거나 위험을 알리거나 무엇을 금지하는 표지판'이 있습니다.

셋째, '책 표지'입니다. 책 내용을 가장 잘 나타내는 그림과 글씨를 한데 담아 놓았지요. 아이들이 그려 볼 수 있는 책 표지는 글모음 표지, 학급 문집 표지,

보고서 표지, 과제물 표지 같은 것들이 있습니다.

넷째, '신문'입니다. 우리가 보는 신문에는 주로 글이 많이 실려 있지만 사진과 그림도 알맞게 배열해 놓았습니다. 글자가 가장 잘 읽힐 수 있도록 크기나 모양도 생각했을 테고 글과 그림 위치 같은 것도 헤아렸겠지요. 그러니까 사람 눈에 잘 들어오도록, 내용을 잘 알 수 있도록, 보기에도 좋도록 하는 미술 요소가 많이 들어 있는 것입니다. 아이들이 만들어 볼 수 있는 신문은 학급신문, 가족 신문, 환경 신문 같은 것들이 있지요.

다섯째, '간판'이 있습니다. 간판은 무엇을 파는 가게인지 무엇을 하는 곳인지, 얼마나 잘하는지, 얼마나 좋은 곳인지 알리려고 이름이나 판매 상품 따위를 그림과 함께 담아서 사람들 눈에 잘 띄도록 만들지요.

그 밖에도 알리는 그림 종류는 많이 있을 것입니다. 이러한 '알리는 그림 그리기'는 아이들이 그릴 때 무척 재미있어 합니다.

알리는 그림 그리기 지도

알리는 그림을 그릴 때 생각해야 할 중요한 것이 몇 가지 있습니다.

첫째, 어떤 종류의 알리는 그림을 그릴 것인가?

둘째, 어떤 모양으로 그릴 것인가?

셋째, 어떤 색으로 그릴 것인가?

넷째, 어떤 문구를 써 넣을 것인가?

그리고 그림을 그렸을 때 모양과 색깔이 한눈에 잘 들어오게, 더 크게 느낄 수 있게, 글과 그림이 조화롭고 잘 어울리게, 보기 좋고 읽기도 쉽게, 표현이 새롭고 아름답게, 둘레 환경과 잘 어울리게 그려야겠지요.

처음 구상을 할 때는 자기가 알리려는 내용과 뜻을 또렷이 알아야 합니다. 그리고 이렇게 저렇게 낙서하듯이 자꾸 그려 가며 구상해야 더욱 새로운 생각을 떠올릴 수 있습니다.

알리는 그림의 관념 깨트리기

학교 미술 시간에 '알리는 그림'을 더러 그립니다. 그런데 새롭고 개성 있는 작품이 잘 안 나옵니다. 늘 보아 왔던 것들과 비슷한 작품, 관념에 치우친 작품이 많이 나오지요.

나는 이걸 좀 깨트려야겠다는 생각을 했습니다. 그래서 이미 그려진 '알리는 그림(표지판)'에 새로운 생각을 보태거나 아주 다른 생각을 떠올려 그리도록 해 보았습니다. 그러면 아이들이 아주 엉뚱하고 허황하다 싶은 표현을 하기도 합니다. 또 원래 그림보다 더 못하다 싶고 실제로는 쓸모없다 싶은 그림을 그리기도 하지요. 하지만 뭐 어떻습니까. 엉뚱하게 그렸다는 것은 관념을 깨트렸다는 것이니 그것만으로도 아주 훌륭한 공부가 되지요.

관념은 깨트리기가 참으로 쉽지 않습니다. 지금 내 생각이 더할 나위 없다고 못 박아 버렸기 때문이 아닐까요? 그 관념이 더욱 굳어지면 다른 건 아예 틀렸다고 생각하기도 하지요.

누구한테 물어보아도 '꽃은 아름답다.'고 하는 것이 보통입니다. 공식처럼 굳어진 생각이지요. 그래서 어느 누가 '꽃은 추하다.'고 하면 '꽃은 아름다운 것이지 어떻게 추하다고 할 수 있느냐.'고 합니다. 꽃이 추하다고 하는 건 틀렸다고 말하는 것이지요.

또 우리는 보통 매미는 무조건 '맴맴' 울고 돼지는 '꿀꿀' 운다고 생각합니다. 아기는 무조건 '아장아장' 걷고 시냇물은 '졸졸' 흐른다고 말하고요. 이건 자기표현이 아닌 관념 표현입니다. 그런데 자기표현을 해야 하는 글을 쓸 때도 거기서 벗어나지 못하고 이미 굳어진 생각을 그대로 쓰는 경우가 많습니다.

화장실에 있는 남녀 표시 그림에 색깔을 바꾸어 놓고 사람들이 어떻게 하는지 실험하는 걸 보았습니다. 남자는 빨간색, 여자는 파란색이나 검정색으로 바꾼 것입니다. 그랬더니 많은 사람들이 색깔만 보고 여자는 남자 화장실 쪽으로 들어서고 남자는 여자 화장실 쪽으로 들어서는 게 아닙니까. 지금까지 남자 화장실은 파란색이나 검정색, 여자 화장실은 빨간색으로 표시해 놓아서 거기에 익숙해졌기 때문이겠지요.

이런 관념들은 깨트리기가 정말 쉽지 않습니다. 쇳덩어리보다 더 단단한 관념이 많지요. 하지만 깨트리지 않고는 새로운 생각이 나올 수 없습니다. 깨트리려면 먼저 의식부터 깨어 있어야 합니다. 사물을 볼 때 늘 색다른 그 무엇이 없을지 생각하면서 볼 줄 알아야 합니다. 이렇게도 생각해 보고 저렇게도 생각해 보아야 하지요.

화장실 표시 그림을 보면 대부분 남자는 바지를, 여자는 치마를 입고 꼿꼿하게 서 있는 모습입니다. 참 지루하기 짝이 없지요. 어떤 책에 보니 꼿꼿하게 서 있지 않고 담을 타 넘어가는 모습으로 바꾸어 그려 놓은 것을 보았습니다. 그것을 보고 '아! 이렇게 표현할 수도 있겠구나!' 생각했습니다. 관념을 깨트린 한 보기이지요.

이미 그려져 있는 작품을 참고해서 관념 깨트려 그려 보기를 할 때는 모양과 크기를 본래의 그림과 달리해 본다든지, 자리를 바꾸어 본다든지, 색깔을 바꾸어 본다든지, 보태거나 빼서 그린다든지 하면 뜻밖에도 새로운 생각이 떠오를 것입니다.

또 '알리는 그림'을 그리고, 그린 것을 말로 설명하거나 글로 써 보도록 하면 그림의 뜻을 더욱 또렷이 알 수 있습니다. 창의성을 살리며 여러 가지로 응용하여 지도해 보기 바랍니다.

굽은 길 조심
대구 동호초등학교 4학년 김동현, 2011년 2월 11일

알리는 그림 그리기

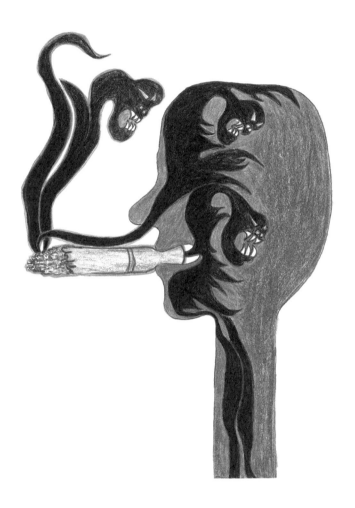

담배 피우지 마세요
대구 동호초등학교 4학년 전서영, 2011년 2월 9일

사람들은 보통 안내 표지판을 네모, 세모, 동그라미밖에 없다고 생각한다. 하지만 꼭 네모, 세모, 동그라미밖에 없는 것이 아니다.
생각해 보면 여러 가지 모양이나 신기하고 특별한 모양도 많다.
그래서 나는 사람들이 평소에 생각하고 있는 고정관념을 깨트려서 표지판 전체 모양을 사람 옆모습에다가 입에 담배를 물고 있는 모양을 그렸다.
그렇게 그리면 멀리서 보아도 금연 구역이라는 것이 눈에 확 들어오면서 사람들이 아주 빠르고 쉽게 알 수 있을 것이다.

불조심
대구 동호초등학교 4학년 진홍림, 2011년 2월 8일

알리는 그림 그리기

낙시 금지
대구 동호초등학교 4학년 이완동, 2011년 2월

물놀이 조심
대구 동호초등학교 4학년 김지민, 2011년 2월 8일

알리는 그림 그리기

잔디 보호

대구 동호초등학교 4학년 최지현, 2011년 2월 10일

나는 학교에서 '관념 깨트려서 알리는 그림 그리기'를 했다. 일상생활에서 볼 수 있는 표지판을 좀 색다르게 그리는 것이다.
나는 잔디 보호 표지판을 바꿔서 그려 봤다. 입체물처럼 튀어나오게 그렸다. 먼저 기둥을 그리고 기둥 위에다가 바로 풀을 그렸다.
그 위에다 커다란 발을 그려 놓았다. 풀들은 발에 밟혀 상처 나고, 밟힐까 두려워하고, 밟혀 울고 있는 모습을 그렸다. '잔디를 보호하자'는
말을 안 적고 그림만 봐도 잔디를 보호하자는 뜻을 한눈에 알 수 있을 것이다. '잔디 보호' 표지판은 앞으로 이렇게 하면 좋겠다.

'살아 있는 그림 그리기'가
미술교육의 밑불이 되기를

지금까지 '살아 있는 그림 그리기'라는 이름으로 내가 지도해 본 것을 몇 가지 내보였습니다. 더 많이 지도해 보고 싶었지만 시간과 능력이 모자라 여기까지가 다입니다.

아이들을 가르치며 따로 그림 그리기 지도를 해 온 시간은 주로 아침 시간인데 시간이 많이 걸리는 그림은 아침 시간만으로는 어려워 가끔은 집에서 보충해 오라고 하기도 했습니다. 그러다 보니 그려 오지 않는 아이들도 있고 건성으로 그려 온 아이도 많았습니다.

빡빡하게 짜인 학교 교육 일정 속에서 반나절을 보내고, 학교를 마치고 나면 또 얼마나 바쁩니까. 이 학원 저 학원으로 뺑뺑이 돌고 늦게 집에 오면 맥이 다 빠지는 데다 학교 숙제가 입 벌리고 있습니다. 학원 숙제도 만만치 않지요. 이런 아이에게 어떻게 여유 있는 마음으로 그림을 그리게 할 수 있겠습니까. 참 안타깝습니다.

앞에서 창조성이란 말을 많이 했는데 지식 교육으로는 이것을 기를 수가 없지요. 지식은 자라면서 저절로 습득되는 것도 많고, 모르면 찾아보면 되는 것도 많지만 창조성은 달달 외워서 되는 것도 아니고 어디에서 찾으면 나오는 것도 아닙니다. 갑자기 길러지는 것도 아니지요. 그래서 어릴 때부터 그 기초 능력을 길러 주지 않으면 안 된답니다. 그 가운데 중요한 하나가 미술 교육이고 그 가운데 하나가 내가 해 온 '살아 있는 그림 그리기'입니다.

채색 그림 지도에 대한 이야기를 따로 더 하지는 않았습니다. 《살아 있는 그림 그리기》 1에서 말한 것처럼 아이들 스스로 색칠하도록 한 것을 넘어서 지도하지 않았기 때문입니다.

학교 현장을 떠난 지 여러 해가 지났지만 아직도 미련이 남는 것이 있습니다. 바로 조형 활동입니다. 학교에 있을 때 자연물을 써서 하는 조형 활동 지도를 좀 했지요.

그 가운데 특별히 기억에 많이 남는 것은, 냇가에서 돌과 흙으로 해 본 활동, 가을에 산과 들에서 나는 나무와 덩굴, 잎, 열매 같은 것으로 해 본 활동, 학교 운동장 둘레 양버즘나무 베어 낸 것을 도막 내어서 해 본 여러 가지 쌓기 놀이 활동, 겨울에 불 때려고 베어 놓은 나무토막으로 해 본 여러 가지 꾸미기 활동 같은 것들입니다.

학교 현장에 있을 때 좀 더 일찍 깨달았다면 다른 방법으로도 지도해 보았을 텐데 그러지 못해 아쉬운 마음이 남습니다. 여러분들도 관심을 많이 가지고 지도해 보았으면 합니다.

더러 모자란 것이 있지만, 내가 30여 년 동안 아이들과 함께 한 이 '살아 있는 그림 그리기' 교육이 한 점 밑불이 되어 미술교육이 활활 타오르기를 바랍니다.

아이들 삶을 가꾸는 교사들의 길잡이가 되어 주다

이성인(전 초등학교 교사)

1994년에 나온 《살아 있는 그림 그리기》를 고치고 더해 《살아 있는 그림 그리기》 1, 2로 책이 새로 나온다는 소식을 듣고 무척 기뻤습니다.

처음 이호철 선생님이 가르친 아이들 그림이 주목받게 된 것은 이 선생님이 주마다 내던 학급문집 〈꽃교실〉 1988학년도 28호(1989년 2월 15일 펴냄)에 실은 '살아 있는 그림' 특집이었습니다.

'한국글쓰기교육연구회'에서 주최하는 글쓰기 연수회 때 이호철 선생님은 아이들 그림 지도에 대해 말하면서 그 가운데 한 가지 방법으로 짧은 시간에 빠르게 그리는 '크로키' 방식으로도 가르쳐 보았다고 했는데, 이오덕 선생님이 빠르게 그리는 것보다는 될 수 있는 대로 천천히 그리도록 해야 한다고 말했습니다. 방법은 달랐지만 두 분 모두 아이들이 살아 있는 그림을 그릴 수 있도록 가르쳐야 한다는 데에는 같은 의견이었습니다.

그 뒤 저는 그림 지도에 대한 책을 찾아보다가 베티 에드워즈가 쓴 《오른쪽 두뇌로 그림 그리기》를 발견했습니다. 베티 에드워즈는 이 책에서 학교 교육에서 이루어지는 읽기, 쓰기, 셈하기 같은 교과목들이 왼쪽 뇌의 개발에만 치우쳐 있어서 지각력이나 직관력을 담당한 오른쪽 뇌의 능력과 가능성을 잃어버리고 있다고 지적합니다.

또한 그림을 그릴 때 왼쪽 뇌는 '아는 대로' 그리고 오른쪽 뇌는 '보이는 대로' 그리는데, 보통은 왼쪽 뇌가 주도해서 개념 그림을 그리게 된다고 합니다. 그림을 제대로 그리려면 왼쪽 뇌 모드를 '끄고' 오른쪽 뇌 모드를 '켜야' 한다고 주장하며, 그 방법으로 '거꾸로 그리기'나 '윤곽선 그리기'를 제시하였습니다.

베티 에드워즈의 책을 읽고 나서 빠르게 그리기와 천천히 그리기 둘 다 왼쪽 뇌를 '잠들게' 하는 방법임을 알게 되었습니다. 또한 이호철 선생님의 그림 지도 방법이 베티 에드워즈의 방법과 비슷하다고 생각했습니다. 다른 점이라면 베티 에드워즈는 자신의 그리기 방법을 뇌과학 이론을 근거로 제시한 것입니다.

이호철 선생님은 〈글쓰기교육〉 회보(1991년 10월 호, 현 〈우리 말과 삶을 가꾸는 글쓰기〉)에 자신의 그림 지도 방법을 처음으로 소개했습니다. 그리고 그것을 바탕으로 《살아 있는 그림 그리기―한 가지 색과 선, 점으로 그리기》를 펴냈습니다. 그 뒤로 지난 이십 여 년 동안 많은 선생님들이 《살아 있는 그림 그리기》를 읽고 교실에서 그림 그리기 지도에 적용하고 실천했으며, 미술 교과서에도 반영되었습니다.

이번에 새로 나온 《살아 있는 그림 그리기 1-자세히 보고 그리기》에서 이호철 선생님은 한층 심화된 그리기 교육의 성과를 보여 주고 있습니다. 이전의 식물 관찰 그림뿐 아니라 동물 관찰 그림을 지도한 내용도 실었습니다. 또 '풍경 그리기'에서도 놀라운 성과를 보여 주고 있습니다.

저학년 그림 그리기 지도 내용도 따로 소개했는데, 고학년 그림에서 느낄 수 없는 소박한 아름다움을 느낄 수 있습니다. 이호철 선생님은 이 책에서 채색 그림은 특별히 계획을 세워 지도하지 않았다고 했지만, 채색 관찰 그림은 관찰 그림대로, 채색 생활 그림은 생활 그림대로 높은 수준을 보여 주고 있습니다.

《살아 있는 그림 그리기 2-생각과 마음 담아 그리기》에서는 초판에서 간단하게 다루었던 '마음 그리기'뿐 아니라 '상상과 공상 그림 그리기', '다른 발상으로 그리기', '무늬 그리기', '알리는 그림 그리기'와 같은 다양한 지도 사례를 새로 소개하였습니다.

초판과 견주어 보니 분량도 두 배 이상 늘어났고 문장도 새로 써서 고침판이라기보다는 새로운 책이라고 해도 좋을 만큼 달라진 것을 알 수 있었습니다.

《살아 있는 그림 그리기》1, 2 두 권을 통틀어 눈여겨볼 점은 '날마다 동무 보고 그리기 발달 과정'입니다. 3월에 그리기를 시작할 때부터 다달이 한 아이의 그림이 어떻게 변화해 가는지 견주어 볼 수 있도록 작품을 실어 놓아서 아이들의 그리기 능력이 향상되는 과정을 한눈에 볼 수 있습니다.

뿐만 아니라, 이 책에 실린 그림들이 처음부터 그림을 잘 그리는 아이들의 그림을 추린 것이 아니라 반 전체에 대한 꾸준한 지도와 연습으로 향상된 그림을 모은 것임을 알 수 있습니다. 아울러 책 두 권에 500여 점의 다채로운 그림이 실려 있어서 작품 감상용으로도 활용할 수 있을 것입니다.

흔히 '사실 그림'은 창의성이나 상상력과는 관련이 없을 거라고 생각하기 쉽습니다. 그러나 상상력과 창의성 또한 오른쪽 뇌의 산물이라는 데에 여러 뇌과학자들이 의견을 함께 하는 것으로 압니다. '사실 그림 그리기'와 '상상 그림 그리기'는 동전의 양면처럼 오른쪽 뇌를 기반으로 하는 자기표현 활동입니다.

'관찰 그림 그리기'를 통해 아이들은 사물을 있는 그대로 정확하게 보는 눈을 갖게 됩니다. '생활 그림 그리기'를 통해 아이들은 자신과 이웃의 삶을 따뜻한 시선으로 눈여겨보는 태도를 기르게 됩니다. '마음 그리기'를 통해 아이들은 자기 생각과 느낌을 표현함으로써 사람다운 정서와 인간성을 가꿀 수 있습니다. '살아 있는 그림 그리기'는 '살아 있는 글쓰기'와 함께 자기표현의 가장 중요한 수단이라 할 수 있습니다.

예전에 어떤 선생님이 이런 말을 했습니다.

"책에 나오는 내용을 다 실천하는 건 도저히 불가능해요. 이것들을 다 지도하려다 보면 다른 교과를 가르칠 시간이 없을 것 같아요."

당연한 말입니다. 이호철 선생님도 이 책에 있는 모든 내용을 한 해에 다 가르친 것은 아닙니다. 해마다 조금씩 다른 방법을 시도하면서 가르쳐 본 지도 사례를 모은 것입니다. 이 책에 나오는 것 가운데 한 가지, 두 가지 조금씩 꾸준히 실천하다 보면, 어느 순간 아이들 그림 그리기를 어떻게 가르치면 되는지 자신만의 지도 방법을 터득할 수 있게 될 것입니다.

지난 이십 여 년 동안 그래 왔던 것처럼 새로 나온 《살아 있는 그림 그리기》 1, 2는 앞으로도 아이들의 삶을 가꾸려는 선생님들에게 좋은 길잡이가 될 것입니다.

1권 차례

그리기 지도 갈래별로 그림 찾아보기

글자 그리기

자연무늬 그리기

기하무늬 그리기

알리는 그림 그리기

살아 있는 교육 40

살아 있는 그림 그리기 2
생각과 마음 담아 그리기

2020년 5월 20일 1판 1쇄 펴냄

글쓴이 이호철
편집 김로미, 박세미, 이경희 | **교정** 김성재 | **디자인** 산들꽃꽃
제작 심준엽 | **영업** 안명선, 양병희, 조현정, 최민용 | **잡지 영업** 이옥한, 정영지
대외 협력 신종호, 조병범 | **새사업팀** 조서연 | **경영 지원** 임혜정, 한선희
인쇄와 제본 (주)상지사P&B
펴낸이 유문숙 | **펴낸 곳** (주)도서출판 보리 | **출판 등록** 1991년 8월 6일 제9−279호
주소 (10881)경기도 파주시 직지길 492
전화 031−955−3535 | **전송** 031−950−9501 | **전자 우편** bori@boribook.com
누리집 www.boribook.com
ⓒ 이호철, 2020

• 보리는 나무 한 그루를 베어 낼 가치가 있는지 생각하며 책을 만듭니다.

ISBN 979−11−6314−126−6 04370 (세트)
ISBN 979−11−6314−128−0 04370

이 도서의 국립중앙도서관 출판예정도서목록(CIP)은 서지정보유통지원시스템 홈페이지(http://seoji.nl.go.kr)와 국가자료공동목록시스템(http://www.nl.go.kr/kolisnet)에서 이용하실 수 있습니다.
(CIP 제어번호 : CIP2020018041)